Susanne Fengler · Sonja Kretzschmar (Hrsg.)

Innovationen für den Journalismus

Kompaktwissen Journalismus

Herausgegeben von
Susanne Fengler und Sonja Kretzschmar

Eine neue Reihe – ein neues Konzept: Wissenschaftler und Praktiker schreiben gemeinsam Lehrbücher für die neue Journalistengeneration. Für jeden Band zeichnen mindestens zwei Autoren verantwortlich: Kommunikationswissenschaftler stellen praxisrelevante Forschungsergebnisse vor, erfahrene Journalisten geben Einblick in die Arbeitsweise ihrer Ressorts. Gemeinsam analysieren sie, welchen Herausforderungen sich Journalisten künftig stellen müssen.

Kompakt, verständlich und aktuell führen die Lehrbücher in die verschiedenen Arbeitsbereiche des Journalismus ein. Zielgruppe sind Wissenschaft und Praxis: Studierende und ihre Dozenten an Universitäten, Fachhochschulen und Journalistenschulen, Einsteiger in den Beruf des Journalisten – aber auch gestandene Praktiker mit Lust am Nach- und Querdenken.

Die Herausgeberinnen:

Prof. Dr. Susanne Fengler: Studium der Publizistik- und Kommunikationswissenschaft an der Freien Universität Berlin sowie an der Columbia University, New York. Freie Journalistin bei Zeitung und Radio. Wissenschaftliche Mitarbeiterin am Journalisten-Kolleg der Freien Universität Berlin/Europäische Journalisten-Fellowships, 2001 Promotion über Medienjournalismus in den USA. Berufstätigkeit in der Politischen Kommunikation. Oberassistentin am Institut für Publizistikwissenschaft und Medienforschung (IPMZ) der Universität Zürich. Seit 2008 Professorin für Internationalen Journalismus am Institut für Journalistik der Technischen Universität Dortmund und Wissenschaftliche Leiterin des Erich-Brost-Instituts für Journalismus in Europa.

Dr. Sonja Kretzschmar: Studium der Journalistik und Politikwissenschaft in Dortmund und Edinburgh, Volontariat bei der „Berliner Zeitung", anschließend freie Journalistin bei Print-, Online- und elektronischen Medien. Promotion 2001 am Institut für Journalistik der Universität Dortmund, 2001-2004 Redakteurin bei den Tagesthemen. Wissenschaftliche Mitarbeiterin an den Universitäten Erfurt und Münster, Hochschuldozentur an der Universität Leipzig. Lehraufträge an den Universitäten München und Dortmund, Gast-Stipendium für die „Annenberg School of Journalism" der University of Southern California (USC). Seit 2006 Arbeit an der Habilitation zum Thema „Journalismus und Mobilkommunikation" am Institut für Kommunikationswissenschaft der Westfälischen Wihelms-Universität Münster.

Susanne Fengler
Sonja Kretzschmar (Hrsg.)

Innovationen für den Journalismus

VS VERLAG FÜR SOZIALWISSENSCHAFTEN

Bibliografische Information der Deutschen Nationalbibliothek
Die Deutsche Nationalbibliothek verzeichnet diese Publikation in der
Deutschen Nationalbibliografie; detaillierte bibliografische Daten sind im Internet über
<http://dnb.d-nb.de> abrufbar.

1. Auflage 2009

Alle Rechte vorbehalten
© VS Verlag für Sozialwissenschaften | GWV Fachverlage GmbH, Wiesbaden 2009
Lektorat: Barbara Emig-Roller

VS Verlag für Sozialwissenschaften ist Teil der Fachverlagsgruppe
Springer Science+Business Media.
www.vs-verlag.de

Das Werk einschließlich aller seiner Teile ist urheberrechtlich geschützt. Jede Verwertung außerhalb der engen Grenzen des Urheberrechtsgesetzes ist ohne Zustimmung des Verlags unzulässig und strafbar. Das gilt insbesondere für Vervielfältigungen, Übersetzungen, Mikroverfilmungen und die Einspeicherung und Verarbeitung in elektronischen Systemen.

Die Wiedergabe von Gebrauchsnamen, Handelsnamen, Warenbezeichnungen usw. in diesem Werk berechtigt auch ohne besondere Kennzeichnung nicht zu der Annahme, dass solche Namen im Sinne der Warenzeichen- und Markenschutz-Gesetzgebung als frei zu betrachten wären und daher von jedermann benutzt werden dürften.

Umschlaggestaltung: KünkelLopka Medienentwicklung, Heidelberg
Satz: Anke Vogel, Ober-Olm
Druck und buchbinderische Verarbeitung: Krips b.v., Meppel
Gedruckt auf säurefreiem und chlorfrei gebleichtem Papier
Printed in the Netherlands

ISBN 978-3-531-15450-3

Inhalt

Vorwort von Susanne Fengler und Sonja Kretzschmar 11

Kapitel 1: Innovationen im Redaktionsmanagement I:
Newsrooms als Marktplätze für neue Ideen
Sichtweisen der Praxis (Christoph Keese) 17
    Marktplatz Newsroom 19
    Der Newsroom der Welt-Gruppe/Berliner Morgenpost 20
    Alle für einen: Online first 21
    Redakteure als „Offiziere": Das Redaktions-„Schiff" 22
    Inspiration im Newsroom 23
    Weiterführende Literatur 24

Kapitel 2: Innovationen im Redaktionsmanagement II:
Vom traditionellen Redaktionsbüro zur digitalen Nachrichtenredaktion
Perspektiven der Forschung (John Pavlik) 25
    Technologie im Wandel – Medien im Wandel 26
    Neue Darstellungsformen lösen Grenzen der monomedialen
    Berichterstattung auf 30
    Organisationsstrukturen im Wandel 31
    Folge neuer Technologien: Gefahr der Plagiate wächst 32
    Die Jayson-Blair-Affäre 33
    Weiterführende Literatur 35

Kapitel 3: Innovationen im Redaktionsmanagement III:
Der digitale Newsroom von ARD-aktuell
Sichtweisen der Praxis (Kai Gniffke) 37
    Alltag in einer Nachrichtenredaktion: Planung 38
    Die Planungsredaktion 38
    Alltag in einer Nachrichtenredaktion: Themen 39
    Digitaler Newsroom 40
    Alltag in einer Nachrichtenredaktion: Strukturen 41

Qualitätssicherung im Nachrichtenjournalismus 42
Innovationen in der Qualitätssicherung 43
Innovationen im Zuschauer-Dialog: Das Beispiel Blogs 43
Innovationen im Alltag: Neue Workflows 44
Innovationen: Der Newsroom als Plattform für verschiedene Kanäle.. 44
Redaktionelle Strukturen, die Innovationen erlauben 45
Nachrichtliche Großereignisse im mehrmedialen Newsroom 46
Weiterführende Literatur 48

Kapitel 4: Innovationen in der Kommunikation mit Mediennutzern: Blogs

Perspektiven der Forschung (John Pavlik) 49
    Vom Telegrafen zu MTV 50
    Journalisten schreiben „Tagebuch" 51
    Bloggen kann teuer werden – ein Fallbeispiel 53
    Die Grenzen des Bloggens 54
    Weiterführende Literatur 57

**Kapitel 5: Innovative Darstellungsformen I:
Mehrwert statt Spielerei: Schöne neue Videowelt
Komplementäre multimediale Erzählstrategien im Internet**

Sichtweisen der Praxis (Jens Radü) 58
    Schmelztiegel Internet 60
    Schneller wissen, was wichtig ist 60
    Anforderungen an den Multimedia-Redakteur 61
    Beispiele für gängige Multimedia-Elemente 62
    Ein Tag im Strom der Bilder 64
    Was mach einen Videoblog aus? 66
    Was wollen die User? 67
    Lernstoff: IPTV & Triple Play 68
    Der Computer im Wohnzimmer 68
    Weiterführende Literatur 69

Kapitel 6: Innovative Darstellungsformen II:
Neue Visualierungsmöglichkeiten und 3-D-Journalismus
Perspektiven der Forschung (John Pavlik) 70
    Praktische Anwendung im Journalismus 71
    Die Ermordung Kennedys: Ein Anwendungsbeispiel 72
    Situated Documentaries 76
    Automatisierte Videosuche und Videoanalyse 78
    Dreidimensionales Fax (3D-Fax) 81
    Journalismus im digitalen Zeitalter – zwischen Quantität
    und Qualität 83
    Rückkehr zu den journalistischen Wurzeln 85
    Weiterführende Literatur 87

Exkurs: Innovationen bei Themenfindung und Themenbearbeitung
Innovative Ideen brauchen einen langen Atem
Interview mit Gabriele Fischer 88

Kapitel 7: Innovationen bei der Recherche I:
„Computer Assisted Reporting" – ein Überblick
Perspektiven der Forschung (John Pavlik) 93
    Die Ursprünge des CAR (Computer-Assisted Reporting) 94
    Präzisionsjournalismus 95
    Journalisten im Cyberspace 97
    Weiterführende Literatur 99

Kapitel 8: Innovationen bei der Recherche II: Herausforderungen
an den Journalisten
Sichtweisen der Praxis (Marcus Lindemann) 101
    15 Minuten Quellen-Check 103
    Minimalkanon der Internetkenntnisse für Rechercheure 105
    Mehr Rechte für Rechercheure 106
    CAR schaut EU-Abgeordneten auf die Finger 107
    Ausblick: Umgang mit Ressourcen – für einen „nachhaltigen"
    Journalismus 108
    Weiterführende Literatur 110

Kapitel 9: Medieninnovations-Management: Journalistische Innovationen aus der Bedürfnisperspektive

Sichtweisen der Praxis (Soheil Dastyari) 111
    Innovation als Markenentwicklung im Medienbereich 114
    Entwicklung durch Bedürfnisperspektive 117
    Medienmarken: Crossmedialer Erfolg durch Bedeutung 119
    Weiterführende Literatur 121

Kapitel 10: Innovationen in Medienunternehmen und in User-generated Content: Taktgeber Technik

Perspektiven der Forschung (John Pavlik) 122
    Online-Nutzung auf dem Vormarsch 123
    Medien als ständiger Begleiter 125
    Neue Formen der Nachrichtenzusammenstellung:
    Mashup-Medien und Metavers 126
    Wirtschaftsjournalismus leistet Pionierarbeit 129
    Nachrichtenanalysen aus dem Computer 130
    Weiterführende Literatur 132

Kapitel 11: Ethische Herausforderungen in der Ausbildung von Wirtschaftsjournalisten

Sichtweisen der Praxis (Christoph Moss) 133
    Der schnelle Klick 134
    Wenn man Insider ist 138
    Über den schwierigen Umgang mit Analysten 141
    Sauber recherchieren 144
    Das Beispiel Öko-Investments 146
    Weiterführende Literatur 149

Kapitel 12: Ethische Anforderungen im digitalen Journalismus

Perspektiven der Forschung (John Pavlik) 150
    Steigende Fehlergefahr im digitalen Zeitalter 152
    Bildmanipulation – ein Fallbeispiel 153
    Gibt es eine digitale ethische Grenze? 154

Die acht Online-Gebote 155
Eine Frage der Ethik 156
Strategien für ein umfassendes Ethik-Management 157
Die digitale Kluft 159
Weiterführende Literatur 163

Autorenverzeichnis 164

Vorwort

Susanne Fengler und Sonja Kretzschmar

„Innovationen für den Journalismus" – das klingt im ersten Moment wie ein Pleonasmus, der berühmte „weiße Schimmel", eine rhetorische Figur, bei der sich die Bedeutung doppelt; denn „innovativ", abgeleitet von „novus = neu", sollte Journalismus per se sein, schließlich ist es ja seine Kernaufgabe, sich mit Neuerungen auseinanderzusetzen. Aber wer setzt sich tatsächlich mit den Neuerungen im Journalismus auseinander?

Die Medien selber, könnte man meinen – aber der Boom der Selbstreflexion auf Medienseiten und in Mediensendungen ist nach einigen engagierten Versuchen merklich abgeflaut. Die mediale Beschäftigung mit sich selber scheint kaum massentauglich, ist sie doch nur für eine kleine Zielgruppe von Interesse; sie findet zwar im Internet in größerem Umfang statt, ist aber für Massenmedien als Berichterstattungsfeld wenig interessant.

Die Wissenschaft, das wäre die andere Option – hier sind natürlich insbesondere die Journalistik und die Kommunikationswissenschaft gefragt. Doch ist eine Beschäftigung mit Neuerungen, von denen niemand weiß, ob sie Bestand haben oder sich schon im nächsten Jahr als Sackgasse erweisen, kein karrieretechnisch ratsames Forschungsfeld, denn die Wissenschaft arbeitet in großen Zeitabständen zu medialen Innovationen, und wer will als BTX-Experte auftreten, wenn die damalige Innovation sich doch als nicht massentauglich erwiesen hat?

Dies führt zu einem Dilemma: Gerade in Zeiten, in denen Journalismus in seiner Existenz bedroht ist, in denen fast täglich Meldungen über das Zeitungssterben in den USA eingehen, wie es Anfang des Jahres 2009 der Fall ist, und in denen sich auch in Deutschland viele tausend Journalisten fragen, welche Zukunft ihnen dieser Beruf noch bieten kann, wenn von Nord bis Süd Redaktionen geschlossen und zusammengelegt werden – gerade in diesen Zeiten des Umbruchs sind Impulse gefragt, die möglicherweise richtungsweisend sein werden. Das Weiterführen von alten Debatten, das Austauschen von alten Positionen, das gerne auf Medienforen oder Konferenzen in Deutschland gepflegt wird, mit den immer gleichen Stereotypen – hier die oberflächlichen Journalisten, dort die praxisfernen Wissenschaftler – kann oft wenig Anregungen dazu geben, wie der Journalismus auf die neuen Herausforderungen reagieren sollte.

Der Ansatz dieses Bandes ist es, beide Seiten, Praxis und Wissenschaft, um das Thema „Innovationen für den Journalismus" zu versammeln. Dabei will der Band mehr sein als eine Sammlung von „Best-Practice-Beispielen" und mehr als eine theoretische Verortung eines Wissenschaftsthemas in einen Fachkanon, bei dem die Diskussion letztlich fachintern geführt wird und die Frage nach der Relevanz der Forschungsergebnisse für die alltägliche journalistische Praxis nicht gestellt wird.

Vielmehr ist es das Ziel dieses Buches, den Grundstein für einen konstruktiven Dialog zwischen Praxis und Wissenschaft im Bereich der journalistischen Innovationen zu legen. Der Band ist dabei als Lehrbuch konzipiert und bildet mit den Titeln *Lokaljournalismus* und *Politikjournalismus* den Auftakt der Reihe *Kompaktwissen Journalismus*. Die Herausgeberinnen sind hier bewusst vom Prinzip des Ressortjournalismus abgewichen, um einen Band zusammenzustellen, der über die Ressortgrenzen hinweg von Interesse ist.

Zielgruppe der Lehrbuchreihe sind vor allem Berufseinsteiger in den Journalismus – was aber nicht heißt, dass nicht auch berufserfahrene Journalisten und Wissenschaftler noch Neues erfahren können. In jedem Fall ist mit diesem Band eine gemeinsame Gesprächsgrundlage für eine weitere Diskussion geschaffen, die wünschenswert ist, wenn der grundlegende Medienwandel, der derzeit stattfindet, nicht nur in den Parallel-Universen der Praxis- und der Wissenschaftstreffen diskutiert werden soll. Dieser Diskussion können möglicherweise auch gemeinsame Kraftanstrengungen folgen, um dem Medienwandel in einer Art und Weise zu begegnen, die im Idealfall nicht nur ökonomisch, sondern auch gesellschaftlich sinnvoll ist.

Das Konzept der Buchreihe „Kompaktwissen Journalismus" sieht vor, zu einem Thema jeweils mindestens ein Autoren-Tandem zusammenzustellen und bestimmte Themenschwerpunkte sowohl von der Praxis- als auch von der Wissenschaftsseite zu beleuchten. In diesem Band haben wir dieses Konzept bewusst um eine Vielzahl von Autoren erweitert, ist es doch auf Seiten der Praktiker nicht möglich, sich im journalistischen Alltag gleichzeitig mit so unterschiedlichen Schwerpunkten wie Innovationen im redaktionellen Management, bei der Recherche oder bei der Themenfindung zu beschäftigen. Unser Ziel war es daher, bei diesem Thema durch eine Vielzahl von Praxis-Autoren aus allen Bereichen die besten Ideen zu bündeln.

Der Newsroom als Marktplatz für neue Ideen wird von *Christoph Keese* thematisiert, der für die Konzeption und Realisation des größten medialen Newsrooms in Europa, im Axel-Springer-Verlag, mitverantwortlich war.

Kai Gniffke stellt den Newsroom von Deutschlands renommiertester Nachrichtenzentrale, der Redaktion von ARD-aktuell vor. Er ist, zusammen mit seinem Team, verantwortlich für unzählige Innovationen innerhalb der Redaktion und wurde unter anderem mit dem Grimme-Preis für den Chefredakteursblog auf tagesschau.de ausgezeichnet.

Den goldenen Prometheus für Online-Journalismus gewann Mathias Matussek von Spiegel-Online für seine Arbeit im Team mit *Jens Radü*, der in diesem Lehrbuch multimediale Erzählstrukturen auf Deutschlands meistgeklickter Nachrichten-Website vorstellt.

Die Impulse für Innovationen im Journalismus gehen oft von Seiten der Technik aus – und ermöglichen damit neue Arbeitsformen wie z.B. die crossmedialen Newsrooms, die neue Angebotsstrukturen wie bei Spiegel-Online realisierbar machen. Doch nicht immer sind Innovationen technikzentriert – auch im traditionellsten Bereich, der Themenfindung und Themenrealisation, gelingt es, inhaltlich innovativ zu sein und sich damit am Markt zu etablieren. Das Magazin *brand eins* hat unzählige Medienpreise gewonnen. Seine Chefredakteurin Gabriele Fischer wurde im Jahr 2009 mit dem SALLY 2009 ausgezeichnet, den der Arbeitskreis mittelständiger Verlage (AMV) vergibt. Den Preis gab es für die innovative Umsetzung des Themas „Wirtschaft" – bei steigenden Auflagenzahlen. Die positive Entwicklung bei *brand eins* ist nicht zuletzt der innovativen Themenrealisation zu verdanken. Die Chefredakteurin *Gabriele Fischer* beschreibt ihr erfolgreiches Konzept in einem Interview.

Computer-gestützte Recherche – das ist mehr als einfach nur Begriffe googeln. Wie man Recherchefehler vermeidet und das Internet kompetent und innovativ zur Recherche nutzt, erklärt *Marcus Lindemann*, freier Journalist u.a. für das ZDF und Mitbegründer des Journalistenbüros autoren(werk), Dozent für off- und online-Recherche. Erfolgreicher Qualitätsjournalismus – wie geht das? *NEON* aus dem Hause Gruner + Jahr macht das vor. Mitarbeiter des Magazins gewannen 2009 den Hansel-Mieth-Preis für die beste Reportage und gleichzeitig konnte die Reichweite in der Medienanalyse 2009 gesteigert werden. Das Management von Medieninnovationen erklärt *Soheil Dastyari*, Leiter der Abteilung für Marken- und Innovationsentwicklung.

Trotz aller Erfolgsgeschichten hat die Finanzkrise auch die Medienbranche erfasst, und gerade die Wirtschaftsberichterstattung steht hier vor neuen Herausforderungen. Dabei geht es nicht nur um viel Geld, das die Mediennutzer unter Umständen verloren haben, sondern es geht auch um Geld, das die Journalisten, die manchmal früher als andere über Expertenwissen verfügen, durch Insidergeschäfte verdienen können – umso mehr ist hier moralische Standfestigkeit gefragt, wie *Christoph Moss* aufzeigt.

Die Praxis-Beiträge werden ergänzt durch Ausführungen des US-amerikanischen Wissenschaftlers *John V. Pavlik*, Professor und ehemals Leiter des „Center for New Media" der Columbia University, New York, der unter anderem mit dem Buch „Journalism and New Media" bekannt wurde. Die Herausgeberinnen haben sich hier bewusst für einen amerikanischen Autor entschieden – zum einen, um auch in der deutschen Journalistik und Kommunikationswissenschaft, die oft sehr national ausgerichtet ist, innovative neue Wege zu gehen und damit den Wissenschaftsdialog auf internationaler Ebene zu ermöglichen. Zum anderen, weil viele journalistische Innovationen in Deutschland, gerade diejenigen, die ihren Ursprung in der Technikentwicklung haben, einer amerikanischen Entwicklung folgen.

John V. Pavlik verfolgt den Weg vom Redaktionsbüro zum digitalen Newsroom und schließt inhaltlich an *Kai Gniffke* an, wenn er Blogs unter anderem als neue Kommunikationsform zwischen Redaktion und Publikum vorstellt. Nicht nur Anregungen für den Journalismus von morgen, sondern auch für einen Journalismus von übermorgen gibt *Pavlik* im Abschnitt zu neuen Möglichkeiten der Visualisierung, und hier nicht nur in der mehrmedialen, sondern auch in der mehrdimensionalen Berichterstattung. Dass dabei auch gerade im Bereich des investigativen Journalismus eine zunehmende inhaltliche Tiefe möglich ist, zeigt er im Kapitel zu Computer-Assisted Reporting (CAR). Er zeichnet nach, wie CAR in den USA begann und heute vielfältige neue Spielräume für journalistische Recherche eröffnet. Neue journalistische Angebote müssen dabei auch an neue Bedürfnisse der Mediennutzer angepasst werden, denen Medien als ständige Begleiter „anytime and anywhere" zur Verfügung stehen. *Pavlik* zeigt zum Schluss noch einmal auf, welche Herausforderungen die Digitalisierung gerade auch auf ethischer Ebene an den Journalismus stellt, um Strategien für ein umfassendes Ethik-Management im Journalismus des digitalen Zeitalters zu entwerfen. Paradoxerweise verstärkt sich die digitale Kluft eines informationellen Abstands zwischen Arm und Reich, obwohl sich dem Journalismus eine Vielzahl neuer Möglichkeiten bietet umfassender und schneller zu informieren. Es gilt, diese Möglichkeiten dazu einzusetzen, die Information aller Bevölkerungsschichten zu verbessern, um so die Basis für eine bürgernahe Demokratie zu festigen. Mit diesem Ausblick beschließen wir den Innovationsband.

Die Herausgeberinnen danken vor allem ihren Autoren, die auch die längere Bearbeitungszeit des Bandes mitgetragen haben, die die Verbindung von Praxis und Wissenschaft auf nationaler und internationaler Ebene mit sich brachte: Soheil Dastyari (Gruner + Jahr), Gabriele Fischer (brand eins), Dr. Kai Gniffke (ARD aktuell), Christoph Keese (Axel-Springer-Verlag), Marcus Lindemann (autoren(werk)), Prof. Dr. Christoph Moss (International School of Management) und Jens Radü (Spiegel Online). Ein ganz herzlicher Dank geht auch an unseren Wissenschafts-Autor Prof. Dr. John V. Pavlik (Rutgers University, New York).

Da eine 1:1-Übersetzung eines amerikanischen Textes ohne eine inhaltliche Adaption für die deutschen Leser, sei es durch die Erklärung von Beispielen aus dem amerikanischen Medienmarkt oder durch das Hinzufügen von relevanten Daten für das deutsche Mediensystem wenig lesefreundlich wäre, haben die Herausgeberinnen hier einige textliche Angleichungen vorgenommen. Für gute Vorschläge, das sprachliche Feilen an der Übersetzung und viel inhaltliche Recherche danken wir sehr herzlich Marlene Stube und Kerstin Lottritz. Für das Übersetzen des amerikanischen Textes und die „Anm.d.Ü." danken wir der Übersetzerin Anja Giese.

Ohne eine finanzielle Unterstützung der Übersetzung wäre dieses Buch nicht möglich gewesen; ein ganz besonderer Dank geht deshalb an die Stiftung Presse-Haus NRZ und an den VS-Verlag, der die Übersetzung ebenfalls finanziell mitgetragen hat. Dafür, aber auch für eine optimale Begleitung dieses Projektes danken wir unserer Lektorin Barbara Emig-Roller vom VS-Verlag, die uns immer eine überaus hilfreiche und kompetente Unterstützung war.

Für wichtige Anregungen, Gegenlesen und viele Tipps sind wir Prof. Dr. Christoph Neuberger vom Institut für Kommunikationswissenschaft der Westfälischen-Wilhelms-Universität Münster sehr verbunden.

Susanne Fengler und Sonja Kretzschmar,
Berlin/Dortmund und München/Münster, 2009

Kapitel 1: Innovationen im Redaktionsmanagement I: Newsrooms als Marktplätze für neue Ideen
Sichtweisen der Praxis (Christoph Keese)

Die Meldungen aus Pakistan waren zunächst unklar. Am 27. Dezember 2007 um 12:18 Uhr berichten die ersten Nachrichtenagenturen, dass es bei einer Wahlkampfveranstaltung einen Anschlag auf Führer der Oppositionspartei gegeben habe. Im Newsroom der *Welt-Gruppe/Berliner Morgenpost* hört ein Redakteur den elektronischen „Pling", den eine Eilmeldung im Agentursystem auslöst. „Wir sollten Pakistan im Auge behalten", ruft er Wolfgang Scheida, dem diensthabenden Online-Chef, zu. Scheida liest kurz die Agenturen und entscheidet: „Wir machen eine Eilmeldung auf der Homepage." Bereits drei Minuten nach Eingang der ersten Meldung erscheint *Welt Online* mit einer Pakistan-Schlagzeile.

Erst enthält sie nur wenige Zeilen Text. Während sie schon auf der Seite steht, fügt ein Redakteur zusätzlich einlaufende Informationen in den Artikel ein. Immer, wenn er die Rechtschreibung kontrolliert und auf „Speichern" gedrückt hatte, wird der Text aktualisiert. Gleichzeitig wendet sich Scheida an jene Kollegen im Newsroom, die gerade die Zeitungsausgaben des nächsten Tages vorbereiten: „Vorsicht, Kollegen, es gibt Attentate im pakistanischen Wahlkampf."

Wer es noch nicht mitbekommen hat, ist spätestens jetzt informiert. Wenige Minuten nach den Bluttaten finden sich alle Politikredakteure im Newsroom zu einer Ad-hoc-Konferenz zusammen: *Welt*, *Welt am Sonntag*, *Welt Kompakt*, *Berliner Morgenpost* und *Morgenpost Online* überlegen gemeinsam, wie man die Lage journalistisch am besten aufbereiten kann: Ein eigener Reporter wird in Gang gesetzt, ein Pakistan-Kenner aus der Redaktion bekommt den Auftrag zu einem Leitartikel, die Bildredaktion ordert weiteres Material von der Agentur. Die Chefredakteure wenden sich der Sache zu, jedes Blatt überlegt, auf welcher Seite und in welcher Form es auf das Ereignis reagiert. Zu diesem Zeitpunkt rangiert der Anschlag noch als weniger wichtig.

Eine Stunde nach der ersten Meldung, gegen 13:20 Uhr, überstürzen sich dann die Eilmeldungen: Plötzlich ist nicht mehr von namenlosen Oppositionellen die Rede, sondern von Benazir Bhutto, der früheren Ministerpräsidentin, jetzt Hoffnungsträgerin im Wahlkampf gegen den Amtsinhaber General Pervez Musharraf. Ein *AP*-Reporter sieht mehr als 20 Leichen am Tatort, schreibt aber, Bhutto habe vor dem Anschlag die Kundgebung verlassen. Ob das so stimmt? Ist sie vielleicht doch verletzt worden? Innerhalb von Minuten aktualisieren Redakteure die Berichterstattung bei *Welt Online*. Bei den Zeitungen werden die „Kuchenbretter" – so nennt man bei einer Zeitung die verkleinerte Darstellung aller Seiten – konsultiert.

Zum Beispiel hat die *Welt am Sonntag* für die nächste Ausgabe eine Reportage über einen Wachschützer geplant, an dessen Fall das Thema Mindestlohn illustriert werden soll. „Das ist nicht mehr zu halten", sagt die Politikchefin. „Wir sollten Pakistan auf die Seite 3 nehmen: Warum findet dieses Land nicht zur Ruhe? Warum hängt es Indien so weit hinterher? War die Spaltung damit ein viel größerer Fehler, als man es immer vermutet hat?" Prompt entbrennt um diese Fragen eine Debatte, aus der hinterher ein Leitartikel entsteht.

Um 14:17 Uhr meldet *AFP:* „Bhutto verletzt", um 14:26 Uhr dann mit Priorität 1: „Bhutto bei Anschlag getötet". Ein Selbstmordattentäter hat sich, Bhutto und eine ganze Menschenmenge in die Luft gesprengt. Bhutto wird noch ins Krankenhaus gebracht, erliegt wenig später aber ihren Verletzungen. Spätestens jetzt gibt es im Newsroom kein anderes Thema mehr. Die Onliner stellen ständig neue Nachrichtenfassungen und Hintergrundtexte ins Netz, einige Kollegen sammeln interessante Beiträge aus dem Archiv und verwandeln sie in Dossiers. Bildredakteure montieren Fotogalerien über den Anschlag und Bhuttos Leben. Kommentatoren beraten die politische Lage, eine Kollegin wird im Weihnachtsurlaub aufgetrieben, weil sie während der vergangenen Jahre zwei Interviews mit Bhutto geführt hat – sie schreibt ihre persönlichen Eindrücke auf. Layouter reißen Seiten auf, Produzenten verteilen Aufträge, Chefredakteure entwerfen die Titelseiten und texten Schlagzeilen.

Lernziele

⊃ Wie arbeiten Journalisten in einem Newsroom, der mehrere mediale Ausspielwege hat, und der die Stärken und Schwächen der jeweiligen Medien nutzt?
⊃ Wie verändert sich der Work-Flow im Newsroom?
⊃ Welche Rolle spielt ein Newsroom für das redaktionelle Management?

Marktplatz Newsroom

In jeder Stadt gibt es einen Marktplatz, auf dem sich alle treffen, um Waren und Geschichten auszutauschen. In jeder Börse liegt ein Maklersaal, wo Händler Aktien kaufen und verkaufen. Keine Bank kommt ohne Handelsraum aus, durch den Millionen und Milliarden rauschen. Kein Finanzamt ohne Kantine, kein Kraftwerk ohne Leitwarte – wo Menschen arbeiten, brauchen sie einen Treffpunkt. Dort fliegen Informationen und Gerüchte durch die Luft, dort fallen die wichtigen Entscheidungen. Überall, wo Menschen aufeinander treffen, werden Geschichten erzählt und Informationen ausgetauscht. Die Ermordung Bhuttos ist ein gutes Beispiel für die Arbeit eines Newsrooms, wenn auch nicht das einzige. Tag für Tag spielen sich ähnliche Szenen dort ab: Mal bringt ein Enthüllungsreporter einen Scoop in den Newsroom und erzählt allen engagiert davon, mal geht es um spektakuläre Fotos, die an Land gezogen werden sollen, mal steht Nicolas Sarkozy mit seiner aggressiven Industriepolitik im Vordergrund, mal muss das Wahlkampfthema Mindestlohn koordiniert werden – immer ist es der Marktplatz Newsroom, auf dem informiert, abgestimmt und entschieden wird.

Nur Journalisten glaubten lange, sie würden ohne einen Marktplatz auskommen und sollten sich ihre Redaktionsräume so einrichten wie eine Versicherung: ein Einzelzimmer neben dem anderen, Treffen gelegentlich auf dem Flur, ansonsten gespenstische Stille. Dabei ist gerade in einer Branche, die so sehr vom Erzählen von Geschichten lebt wie der Journalismus, ein Ort, der den Austausch erleichtert, existenziell. Das kann in großen Medienhäusern der Newsroom sein.

Der Newsroom der *Welt-Gruppe/Berliner Morgenpost:*

Im Hochhaus an der Kochstraße füllt der Newsroom fast eine ganze Etage. Hier arbeiten knapp 60 Menschen auf leuchtend roten Sesseln und an langen Tischen. Über ihnen hängt ein Dutzend Fernsehmonitore mit aktuellen Programmen. An einer Wand zeigt ein riesiges Computerdisplay im Echtbildmodus alle Zeitungsseiten, an denen gerade gearbeitet wird, sowie den aktuellen Stand der eigenen Internetseiten. Ein kleines TV-Studio mit Teleprompter, Kamera und eigener Beleuchtung ist in den Newsroom integriert. Von dort kommen die Nachrichtensendungen auf *Welt Online* und *Morgenpost Online.* Die Arbeit im Newsroom beginnt morgens um sechs Uhr und endet nachts um ein Uhr – an sieben Tagen in der Woche. Natürlich wird in Schichten gearbeitet. Arbeitsplätze sind Funktionsplätze – die Blattmacher der *Morgenpost* wechseln sich zum Beispiel auf ihren Stühlen und an ihren Computern ab, nicht unähnlich dem Arbeiten auf einer Schiffsbrücke. Im Newsroom sitzen etwa 15 Prozent der Redaktion. Es sind vor allem die oberen Ränge der Hierarchie: Chefredakteure, Stellvertreter, Blattmacher, Ressortleiter, stellvertretende Ressortleiter, verantwortliche Redakteure. Hinzu kommen Produktionsredakteure aus den Ressorts, die im Rotationsverfahren arbeiten: Alle Textredakteure und Autoren nehmen reihum eine bestimmte Zahl von Produktionsdiensten pro Monat wahr. Das verteilt die anfallende Arbeit fair und weckt bei allen Redaktionsmitgliedern Verständnis für gutes Zeitungsmachen. Alle anderen Journalisten arbeiten an eigenen Schreibtischen und mit vielen ruhigen Schreibzimmern, in die sie sich zum Konzentrieren und vertraulichen Telefonieren zurückziehen können. Es ist ein hartnäckiges, aber falsches Gerücht, dass alle Redakteure der Gruppe im Newsroom sitzen: Tatsächlich arbeitet vor allem das Führungspersonal im Newsroom. Allerdings ist die Nachfrage seitens der Ressorts nach Arbeitsplätzen im Newsroom viel höher als das Angebot. Ginge man nach der Nachfrage, müsste der Newsroom doppelt bis dreimal so groß sein, was aus baulichen Gründen aber unmöglich ist.

Unabdingbar für einen gut funktionierenden Newsroom ist modernes Redaktionsmanagement. Alle Kollegen, die dort arbeiten, müssen präzise wissen, wie der Arbeitsfluss funktioniert. Dafür muss dieser genau beschrieben sein. Gute Journalisten brauchen außerdem konkrete Berufsperspektiven: Über welche Stufen können sie sich nach dem Einstieg entwickeln? Die Redaktionsleitung sollte im abgestimmten Zusammenspiel mit den Ressortchefs klare Wege aufzeichnen, abwechslungsreiche Jobrotationen ermöglichen, Produktionstätigkeit mit schreiberischer Arbeit mischen, Talente erkennen und gezielt fördern. Gerade große Redaktionen bleiben hinter ihren kreativen Möglichkeiten zurück, wenn das Redaktionsmanagement nicht funktioniert.

Alle für einen: Online first

Ein moderner Newsroom ist kein Straflager für verhaltensauffällige Redakteure. Dort sitzen nicht Opernkritiker, die nur noch per Kopfhörer Wagner hören dürfen. Kein Literaturkritiker muss den neuen Walser „am Balken"[1] studieren. Konzentrationsintensive Tätigkeiten sind für einen Marktplatz kaum geeignet.

Im Gegenteil: Im Newsroom sitzen die Führungskräfte der Redaktion samt ihrer Hilfen. Allen voran sollte der Chefredakteur während der Hauptproduktionszeit im Newsroom sein, ebenso seine Stellvertreter und Blattmacher, dazu die Ressortleiter, stellvertretenden Ressortleiter und Ressortproduzenten. Unerlässlich sind Bildredaktion, Layout, Infografik – zumindest mit Kopfstationen, wenn nicht alle hineinpassen.

Beispiel Bhutto-Anschlag: Gleich mehrmals täglich kommen Vertreter aller „Gewerke" zu Ad-hoc-Konferenzen zusammen: Die Fotolage wird gesichtet, weiteres Material bestimmt, der Infografiker entwirft und zeichnet Skizzen des Attentatsort und -verlaufs, die Videoredakteure berichten vom eingehenden Material und bemühen sich um die Rechte an einer Sequenz, die sie gerade auf *CNN* gesehen haben, um sie auch bei *Welt Online* einstellen zu können.

---

[1] Als Balken wird bei Springer der lange Tisch bezeichnet, an dem Redaktionsleiter und Blattmacher ihre Entscheidungen treffen.

Selbstverständlich sitzen alle Onliner mit im Newsroom; sie arbeiten nicht in einem eigenen Raum, sondern sind ein zentraler Bestandteil der Redaktion, der journalistischen Wertschöpfung und des Marktplatzes.

Der Wahlspruch „Online First" bedeutet zum Beispiel im Fall Bhutto, dass jeder Text, der für die Zeitung geschrieben wird, sofort ins Netz kommt, sobald Redakteur und Ressortleiter im Redaktionssystem den Status „Artikel fertig" gegeben haben. Es gibt keinen zeitlichen „Schutz" für die Zeitung mehr. Leitartikel, Reportage aus Pakistan, Porträt, alles wird sofort gesendet. So entstehen aus einer gemeinsamen Redaktion sehr unterschiedliche Titel: Eine überregionale Zeitung *(Die Welt)* kommt aus demselben Newsroom wie Deutschlands größte Qualitätszeitung am Sonntag *(Welt am Sonntag)*, eine jüngere Tabloidausgabe *(Welt Kompakt)*, eine schnell wachsende Nachrichtenwebsite *(Welt Online)*, eine starke Regionalzeitung *(Berliner Morgenpost)* und eine erfolgreiche regionale Webseite *(Morgenpost Online)*. Diese sechs Titel werden von drei Chefredakteuren geführt – jeder davon verantwortet zwei Titel –, was in der Praxis konfliktfrei funktioniert. Wir informieren und inspirieren uns gegenseitig, ahmen uns aber nicht nach.

Trotzdem bewahrt jeder Titel seine Eigenarten. Alles erscheint online, aber nur sehr wenig wird zwischen den einzelnen Zeitungen getauscht. Hier wird deutlich, dass eines der beliebtesten Vorurteile gegen den Newsroom nicht zutrifft. Es besagt, dass er Einheit schafft, wo vorher Vielfalt war. Das ist ein unbegründetes Vorurteil: Offene Marktplätze führen zwangsläufig zu Differenzierungen, weil sie Produktmerkmale transparent machen und Ähnlichkeiten schonungslos aufdecken. Der Markt ist die wettbewerbsintensivste Form der Kommunikation, was ohne Frage der Qualität der Produkte zugute kommt.

Redakteure als „Offiziere": Das Redaktions-„Schiff"

Noch ein weiterer Vorteil zeigt sich im Newsroom: Er führt zu schnelleren Entscheidungen. Wer den Chefredakteur sucht, braucht keinen Termin und muss auch keine Vorzimmerdame überlisten. Er geht einfach durch den Raum zu ihm. Man telefoniert Ressortleitern nicht hinterher, sondern trifft sie an.

Die Funktionsarbeitsplätze erleichtern die Kommunikation. Wer auf dem Amtsstuhl des Politikverantwortlichen der *Welt* sitzt, trifft alle einschlägigen Entscheidungen. Ein Redakteur aus dem eigenen Ressort oder ein Kollege aus der Kultur muss nicht erst in den Dienstplan schauen, um herauszufinden, wer heute sein Ansprechpartner ist. Er geht einfach auf den bekannten Platz zu – wer dort sitzt, der ist im Dienst. Falls ein Ressortleiter einige Stunden lang ein Interview führt, vertritt ihn der Kollege auf seinem Stuhl wirksam. Es ist ähnlich wie auf einem Schiff: Weilt der Kapitän nicht auf der Brücke, führt der Erste Offizier das Schiff. Kehrt der Kapitän zurück, akzeptiert er alle Entscheidungen, die in seiner Abwesenheit getroffen wurden. Er kann den Kurs dann noch immer ändern, aber er kann niemandem einen Vorwurf daraus machen, dass ohne ihn entschieden wurde.

Inspiration im Newsroom

Seine wahre Kraft entfaltet der Newsroom durch die gegenseitige Inspiration seiner Mitarbeiter. Man bekommt Antworten auf Fragen, die man nie gestellt hat. Man hört Geschichten, auf die man selbst nicht gekommen wäre. Man sieht ein gutes Foto auf dem Bildschirm der Kollegen und lernt dadurch einen Fotografen kennen, der perfekt für die geplante Gesundheitsserie ist. Man sieht die Klickzahlen auf der Internetseite und begreift, dass Irans Atomprogramm die Leser nicht langweilt, sondern fasziniert. Kurzum, man sammelt Informationen und Anregungen. Für die Arbeit eines Journalisten, zumal eines Blattmachers, gibt es nichts Wichtigeres.

Zusammenfassung

Die Einrichtung von Newsrooms macht Zeitungen journalistisch besser. Nicht alle Redakteure sollten dort sitzen, aber doch jene, die sich untereinander intensiv austauschen müssen. Fast alle Qualitätszeitungen in Großbritannien, den USA, Kanada und Australien besitzen inzwischen einen Newsroom. Oft wird von dort aus – neben Websites und Zeitungen – noch ein professioneller Fernsehsender betrieben. Ein Marktplatz, auf dem man Informationen tauscht und Entscheidungen trifft, ist eine optimale Ergänzung zu kleinteilig angelegten Ressorts, in denen in Ruhe recherchiert und geschrieben wird. Das eine funktioniert ohne das andere nicht. Nachrichtenräume sollten klassische Ressortstrukturen nicht ersetzen, aber sie helfen ihnen dabei, erfolgreicher zu arbeiten.

Weiterführende Literatur

Held, Barbara/Ruß-Mohl, Stephan (2005): Qualitätsmanagement als Mittel der Erfolgssicherung. In: Fasel, Christoph (Hrsg.): Qualität und Erfolg im Journalismus. Zum 60. Geburtstag von Michael Haller. Konstanz: UVK, S. 49-63.
Hohlfed, Ralf/Meier, Klaus/Neuberger, Christoph (2002): Innovationen im Journalismus. Forschung für die Praxis. Münster: Lit.
Meier, Klaus (2004): Redaktionen: Organisation, Strukturen und Arbeitsweisen. In: Pürer, Heinz/Rahofer, Meinard/Reitan, Claus (Hrsg.): Praktischer Journalismus: Presse, Radio, Fernsehen, Online. Konstanz: UVK, S. 95-109.
Meyer, Kathrin (2005): Crossmediale Kooperation von Print- und Online-Redaktionen bei Tageszeitungen in Deutschland. München: Herbert Utz Verlag.
Quinn, Stephen (2002): Knowledge Management in the Digital Newsroom. Oxford: Focal Press.

Kapitel 2: Innovationen im Redaktionsmanagement II: Vom traditionellen Redaktionsbüro zur digitalen Nachrichtenredaktion
Perspektiven der Forschung (John Pavlik)

Norbert Kick staunte nicht schlecht, als er das bunte Plakat erkannte: Eine kirchliche Hilfsorganisation hatte millionenfach ein Foto für eine Werbekampagne genutzt, welches der freie Journalist in Brasilien geschossen hatte – ohne den Urheber zu fragen, geschweige denn zu bezahlen. Der damals noch 19-Jährige Kick zögerte nicht lange: Er machte seine Ansprüche in einem persönlichen Gespräch deutlich und setzte diese durch.

Doch nicht immer gelingt die Einigung bei einer Urheberrechtsverletzung so einfach. Der Journalist Frank Sonnenberg recherchierte für den Deutschen Journalisten-Verband (DJV) zu diesem Thema[1] und resümiert: „Dreiste Urheberrechtsverletzungen haben im digitalen Zeitalter Hochkonjunktur." Im Falle von Norbert Kick war das Plakat der Hilfsorganisation nur der Anfang einer Serie von Urheberrechtsverletzungen, auf die der freie Journalist durch intensive Recherche aufmerksam wurde. So nutzte eine Wahrsagerin einen Artikel Kicks als Werbung auf mehreren Internetportalen. Seine Klage auf Schadensersatz war erfolgreich.

Norbert Kick hat die unerlaubte Nutzung seiner Texte nur bemerkt, weil er regelmäßig das Internet nach seinem Namen und den von ihm bearbeiteten Themen untersucht. Sein Glück: Exotische Begriffe finden sich über Suchfunktionen leicht wieder.

Gerade Online-Artikel oder -Bilder lassen sich von anderen Internutzern leicht kopieren, die den Text dann in Blogs oder eigenen Publikationen verwenden, ohne den Verfasser zu fragen. Dabei wird nicht nur der Schutz des Urheberrechts für die Journalisten im digitalen Zeitalter schwie-

---

1 Sonnenberg, Frank (2008): Copy and paste – aus dein wird mein. In: DJV Journal NRW 3/2008, S. 5-10.

riger. Auch die Zeit, die für die Recherche bleibt, sinkt kontinuierlich; während sie im Jahr 1993 noch bei 140 Minuten lag, liegt sie im Jahr 2003 nur noch bei 117 Minuten am Tag.[2] Aus Zeitmangel kann aus einem Blog-Eintrag schnell eine Nachricht werden.

Lernziele

➪ Welche neuen Technologien werden von den Nachrichtenmedien eingesetzt?
➪ Welche Veränderungen bewirken diese Technologien im Ablauf der Nachrichtenproduktion?
➪ Wie lassen sich ethische Herausforderungen des Journalismus im digitalen Zeitalter meistern?

Technologie im Wandel – Medien im Wandel

Digitale Technologien bewirken grundlegende Veränderungen in Newsrooms und für die dort arbeitenden Journalisten. Wissenschaftliche Untersuchungen weisen auf mindestens drei unterschiedliche Auswirkungen dieser Veränderungen hin:

Erstens entwickeln sich Nachrichtenredaktionen zu stärker konvergierenden Systemen hin, in denen Nachrichteninhalte medienübergreifend produziert werden. Besonders auffällig ist das Verschwinden von medialen Grenzen, die traditionell durch die Übertragung mittels verschiedener Medien (z. B. Zeitung, Fernsehen und Radio) entstanden sind. Stattdessen etablieren sich zunehmend konvergierende Nachrichtenredaktionen, in denen die Redakteure crossmedial recherchieren, produzieren und anschließend verbreiten. Diese Konvergenz in Nachrichtenredaktionen findet heutzutage in großen wie in kleinen Medienunternehmen statt. Dies geschieht sowohl in den traditionellen Printmedien wie der *New York Times* und der *Gannett*-Zeitungsgruppe als auch in Medienorganisationen

---

2   Weischenberg, Siegfried/Weischenberg, Siegfried/Malik, Maja/Scholl, Armin (2006): Die Souffleure der Mediengesellschaft. Report über die Journalisten in Deutschland. Konstanz: UVK.

wie *RedBankGreen*[3] in Red Bank, New Jersey, die nur online publizieren, in den traditionellen Rundfunkunternehmen wie *CBS News* und Nachrichtendiensten wie *Reuters*. In der Konsequenz produzieren nahezu alle Medienunternehmen immer mehr Nachrichteninhalte, die unabhängig vom Format vollständig crossmedial und medienübergreifend verbreitet werden. Nachrichtenmedien aller Gattungen produzieren textbasierte Berichte zusammen mit Audio- und Videobeiträgen, und einige innovative Medien produzieren weitere neue Formate, einschließlich integrierter multimedialer Elemente, auf die später näher eingegangen wird.

Eine weitere Veränderung in den Redaktionen ist die Herausbildung eines 24-Stunden-Nachrichtenzyklus. Dazu tragen mindestens drei Faktoren bei, von denen zwei technologisch begründet sind. Der erste Faktor ist die zunehmende Verbreitung des Internets und des World Wide Web als globale Publikationsplattform. Da sowohl das WWW als auch das Internet einen sprunghaften Anstieg in punkto Website- und Benutzerzahlen verzeichnen, haben Nachrichtenorganisationen jetzt zum einen die Gelegenheit, zum anderen aber auch die Aufgabe, rund um die Uhr Nachrichten zu publizieren. Nachrichtenorganisationen aller Mediengattungen sehen sich gezwungen, auch ihre Unternehmen auf einen Nachrichtenzyklus von 24 Stunden am Tag, sieben Tage die Woche, einzustellen. Dies hat nicht nur Auswirkungen auf die personelle Situation, sondern auch auf die Bereitstellung von Ressourcen. So haben sich mittlerweile eine bestimmte Newsroom-Kultur und ein eigenes Berufsbild mit den entsprechenden Aufgaben und Belastungen herausgebildet. Die aktuelle Online-Berichterstattung ist etwas Alltägliches geworden und hat sogar das traditionelle Printprodukt hinter sich gelassen. Die meisten Nachrichtenmedien haben sich zu Nachrichtendiensten entwickelt. Da unzählige Websites kontinuierlich die neuesten Nachrichten publizieren, sind Nachrichtenorganisationen dem Druck ausgesetzt, mitzuhalten, um nicht Zuschaueranteile, Nutzer und damit auch Einnahmen zu verlieren. Gleichzeitig bietet diese Entwicklung auch eine gute Gelegenheit, Innovationen einzuführen und Marktgrenzen zu erweitern, und zwar jenseits

---

3   Das Unternehmen veröffentlicht die Website www.redbankgreen.com, eine Nachrichten- und Informationswebsite. Siehe auch S. 86.

der geografischen und physikalischen Zwänge, die das analoge Zeitalter auferlegt hatte.

Der zweite ausschlaggebende Faktor für die Herausbildung des 24-Stunden-Nachrichtenzyklus ist das Aufkommen neuer digitaler Arbeitsgeräte für die Recherche, wie beispielsweise Handys mit integrierter Kamera. Diese kostengünstigen und überall verbreiteten digitalen Arbeitsgeräte haben zum einen die Möglichkeit eröffnet, dass Laien zu Bürgerjournalisten werden, zum anderen haben sie beim Einzelnen das Bedürfnis geweckt, ständig auf dem Laufenden zu sein. Von Seiten des Publikums besteht ein Bedarf an Nachrichten rund um die Uhr. Bei der Arbeit, in der Schule oder zu Hause: Menschen sind online, entweder mobil, drahtlos oder über das Festnetz, was die Nachfrage nach stets aktuellen Nachrichten immer weiter vorantreibt.

Positiv ist, dass die Öffentlichkeit gut informiert ist, wenigstens was die Schlagzeilen angeht. Hintergrundberichterstattung hingegen kommt manchmal zu kurz, außerdem fehlt oft ein kritisches Reflektieren oder Analysieren der Nachrichten. Von Journalisten wird erwartet, dass sie in großem Umfang Texte produzieren und diese konstant aktualisieren; das Überprüfen der Fakten und eine kritische Reflexion bleibt dabei aber zunehmend auf der Strecke. Dies ist die Kehrseite der Entwicklung. Außerdem stehen Journalisten zunehmend unter dem Druck, immer mehr Nachrichten produzieren zu müssen, so dass die Versuchung, von anderen zu kopieren (in anderen Worten: zu plagiieren), unwiderstehlich groß werden kann. Als Beispiel mag hier der Fall der Jayson-Blair-Affäre bei der *New York Times* dienen (siehe Seite 33).

Der dritte Faktor (wobei es durchaus noch weitere geben kann), der eine kontinuierliche Nachrichtenproduktion erfordert, liegt in der Wirtschaftlichkeit. Da Entscheidungen in Nachrichtenredaktionen gewinnmotiviert sind, stellen Nachrichten, als Ware gesehen, einen wirtschaftlichen Grundpfeiler dar. Was wiederum bedeutet, dass der Nachrichtenfluss auf keinen Fall versiegen darf.

Drittens konzentrieren sich Redaktionen zunehmend darauf, interaktiven und abrufbaren Nachrichteninhalt zu erstellen. Ursprünglich ging man zur Erstellung von Nachrichtenstorys von zwei Annahmen aus, die inzwischen ihre Gültigkeit verloren haben. Zum einen setzte man ein weitgehend passiv konsumierendes Publikum voraus. Dieses Marketingkonzept basierte größtenteils darauf, dass journalistischer Inhalt gratis oder bezuschusst zu minimalen Kosten zur Verfügung gestellt wird (wie z. B. eine Gratiszeitung oder aber gebührenfreies Fernsehen), um ein breites Publikum zu erreichen, dem die Werbeindustrie dann ihre Waren und Dienstleistungen anpreisen kann. Dieses Modell geht auf die Erfindung der *Penny Press*[4] in den USA Mitte des 19. Jahrhunderts zurück, als durch die Massenproduktion von Zeitungen, die durch die neue Drucktechnologie möglich war, Benjamin Day sein neues Modell der Massenkommunikation realisieren konnte. Penny Press-Zeitungen wurden von Tausenden von Leuten gelesen, und Anzeigenkunden zahlten Spitzensummen, um die Zeitungsleser mit ihrer Werbebotschaft zu erreichen. Dieses Modell hat sich über 150 Jahre gehalten, selbst nachdem Hörfunk und Fernsehen Einzug gehalten hatten. Es handelt sich jedoch um ein Modell, das auf einer Annahme basiert, die im heutigen Zeitalter der digitalen und der Netzwerktechnologien so schnell ihre Gültigkeit verliert wie eine Nachricht ihre Aktualität. Das Publikum hat heute eine zunehmend aktivere Rolle im Umgang mit den Medien: Es schreibt seinen eigenen Inhalt. Es schickt E-Mails an Journalisten. Es nimmt an Online-Diskussionsforen teil. Es zahlt für Kabel- und Satellitenfernsehen und -radio (sofern diese Begriffe noch zutreffen). Das Publikum wünscht und konsumiert heute On-Demand-Programme. Das Konzept der linearen Programmzusammenstellung verliert an Bedeutung oder durchläuft zumindest eine grundlegende Veränderung.

Die zweite große Annahme, von der Nachrichtenmedien traditionell ausgingen, ist die, dass das Publikum die Nachrichten in klar und überschaubar aufgeteilten Paketen dargeboten bekommen will, und zwar in relativ fein dosierten Darreichungen, wie das beispielsweise in einer Wochenzeitschrift, einer Tageszeitung oder einer abendlichen Nachrichtensendung der Fall ist.

Was sich im digitalen Zeitalter herausbildet, ist ein schier unersättliches öffentliches Verlangen der Nutzer nach Nachrichten, Informationen und Unterhaltung, die kontinuierlich als Live-Stream zur Verfügung ge-

---

4 „Penny Press"- Zeitungen waren Massenblätter mit geringem Kaufpreis, die sich Mitte des 19. Jahrhunderts in den USA erfolgreich gegen die zuvor dominierenden Parteizeitungen durchsetzen.

stellt oder anderweitig verfügbar gemacht werden, wo immer und wann immer ein Nutzer diese abrufen möchte.

Neue Darstellungsformen lösen Grenzen der monomedialen Berichterstattung auf

Das Außerkrafttreten dieser Annahmen zieht erdrutschartige Veränderungen in der Nachrichtenindustrie nach sich. Dazu gehört auch eine Neugestaltung der Nachrichten in einem besseren, vollständigeren Kontext. Nachrichten in den richtigen Kontext zu stellen, ist lange Zeit ein Problem in den traditionellen Nachrichtenmedien gewesen. Aus Zeit- und Platzgründen sind die meisten Medien dazu gezwungen, in den aktuellen Tagesnachrichten nur über die wichtigsten neuen Fakten der jeweiligen Nachrichtenstory zu berichten. Dabei ist das Hauptaugenmerk auf die sechs Ws gerichtet, also auf das Wer, Was, Wann, Wo, Warum und das Wie – im Normalfall absteigend nach Wichtigkeit geordnet.

Leider lässt diese Formel nur wenig Platz für die Erklärung der Geschichten, die mit diesem Ereignis verbunden sind, für die Vorgeschichte der Geschichte und für die Folgen, die sich voraussichtlich aus den Ereignissen ergeben könnten. Im digitalen Zeitalter sind zeitliche und räumliche Beschränkungen nicht mehr so zwingend wie früher. In der Konsequenz passen sich Nachrichtenmedien immer mehr an diese neue Umgebung an und experimentieren damit, Nachrichtenstorys in einen größeren Kontext zu stellen. Die Verlinkung eines Textes mit anderen Websites ist eine der Basistechniken, um einen Text in einen größeren Zusammenhang zu stellen. In den Anfangszeiten des Onlinejournalismus haben viele Nachrichtenmedien nur widerwillig Links auf andere Websites eingerichtet, selbst wenn diese den dringend benötigten Kontext geliefert hätten. Sie befürchteten, dass die Leser ihre Website verlassen und nicht zurückkehren würden. Mittlerweile haben viele Journalisten erkannt, dass es schlechter Service ist, ihren Lesern keine Links zur Verfügung zu stellen, und dass viele Leser vielleicht gerade deswegen nicht mehr auf ihre Website zugreifen, weil dieser ergänzende Service nicht geboten wird. Außerdem liegen keine Beweise dafür vor, dass Leser, die auf einen Link klicken, die Ausgangswebsite nicht wieder besuchen. In den meisten Fällen wird durch Anklicken eines Links lediglich ein neues Fenster im Browser geöffnet, in dem der Leser einen Blick auf den kontextuellen Link werfen, gleichzeitig aber auch die Ausgangsseite geöffnet lassen kann.

Organisationsstrukturen im Wandel

Das Newsroom-Management wird durch technologische Neuerungen ebenfalls stark beeinflusst. Forschungsergebnisse zeigen, dass die Anpassung des Managements an eine digitale, vernetzte Umgebung auf mindestens vier Ebenen erfolgt.

⊃ Erstens waren Redaktionen ursprünglich physische Räumlichkeiten, in denen Reporter sich täglich, oder zumindest regelmäßig, nach ihrer Vor-Ort-Recherche mit den Redakteuren trafen, um Nachrichtenstorys, Quellen, Aufmacher und dergleichen zu besprechen.

Mit der Entwicklung von digitalen Netzwerktechnologien, insbesondere der Drahtlos- und der Mobilfunktechnologie, sind die ersten virtuellen Redaktionen entstanden. So können sich Reporter jetzt länger zur Recherche vor Ort aufhalten, Nachrichtenstorys elektronisch eingeben und die Koordination mit Redakteuren online abstimmen. Bei Nachrichtenorganisationen wie z.B. *Time* werden viele traditionelle Nachrichtenbüros verkleinert. Die Reporter werden entweder durch so genannte „Laptop-Korrespondenten" ersetzt, oder durch Korrespondenten, die dauerhaft nur vor Ort recherchieren und mit den Redakteuren mehr über das Internet und digitale Telefonie kommunizieren als von Angesicht zu Angesicht.

⊃ Zweitens sind Redaktionen traditionell zentralistisch und hierarchisch organisiert, haben eine starke Redaktionsleitung, und der Chefredakteur oder der Nachrichtenchef bzw. Chef vom Dienst kontrolliert die mittleren und unteren Managementebenen, während die Reporter sozusagen das Fußvolk darstellen. Die digitalen Technologien ermöglichen ein Abflachen der Hierarchie und eine starke Dezentralisierung der Redaktionen. Darüber hinaus unterstützt nun eine wachsende Anzahl freiberuflich arbeitender Reporter oder Korrespondenten die fest angestellten Redakteure.

◯ Drittens werden unterschiedliche digitale Arbeitsmittel eingeführt, um den Kommunikationsfluss innerhalb der Nachrichtenredaktion umzustrukturieren. Das redaktionelle Management kann jetzt mithilfe von digitaler Netzwerktechnologie organisiert werden. Ein Kommunikationsfluss zwischen Reportern und Redakteuren findet statt, unabhängig davon, ob es sich um Text-, Audio- oder Videodateien handelt. Zentral sind nur noch journalistische Gesichtspunkte, die einengenden Vorgaben der analogen Technologien müssen nicht mehr berücksichtigt werden.

Folge neuer Technologien: Gefahr der Plagiate wächst

Letztendlich werden neue Technologien und Arbeitsabläufe in den USA auch dazu eingesetzt, um sich gegenüber Problemen, die durch Urheberrechtsverletzungen oder Plagiate entstehen können, abzusichern.

Mit der Zunahme von Online-Publikationen ist die Gefahr von Urheberrechtsverletzungen durch das Kopieren fremder Texte gestiegen. Dies hat sich als zweischneidiges Schwert erwiesen. Auf der einen Seite ist nun ein beispielloser Zugriff auf Nachrichten, Informationen und Medien der Unterhaltungsindustrie auf der ganzen Welt möglich. Auf der anderen Seite ist es heutzutage auch jedem Einzelnen möglich, urheberrechtsgeschützte Werke anderer illegal zu kopieren und unter einem anderen Namen neu zu veröffentlichen. In einigen Fällen wird das wiederverwertete Material dem rechtmäßigen Urheber zugeschrieben, wenn auch Rechte und Tantiemen unter Umständen verletzt oder nicht ordnungsgemäß zugeordnet wurden. In anderen Fällen haben Journalisten, Studenten oder Laien versucht, das urheberrechtgeschützte Material als ihr eigenes auszugeben.

Die Jayson-Blair-Affäre

Im Jahr 2003 machte der Jayson-Blair-Skandal in den USA Schlagzeilen: Der *New York Times*-Reporter Jayson Blair hatte u. a. Nachrichtenberichte der *Dallas Morning News*-Website kopiert, das Material in seine eigene Berichterstattung für die *New York Times* einfließen lassen und den Artikel dann als eigene Arbeit ausgegeben. Außerdem fälschte Blair Quellen und Zitate. Irgendwann einmal fiel Redakteuren der *Dallas Morning News* die Ähnlichkeit zwischen ihren Artikeln und denen jeweils kurze Zeit später angeblich von Blair geschriebenen und in der *New York Times* veröffentlichten Artikeln auf. Sie machten Redakteure der *New York Times* auf das fragwürdige Material aufmerksam, worauf diese dann eine umfassende Untersuchung einleiteten. Sie kamen zu dem Ergebnis, dass das Material von Blair plagiiert worden war und dass dieser zudem auch noch ganze Abschnitte frei erfunden hatte. Blair musste daraufhin seine Kündigung einreichen, und im Anschluss an den darauf folgenden Skandal traten mehrere leitende Redakteure der *New York Times* zurück. Als Konsequenz der durch die Blair-Affäre entstandenen Glaubwürdigkeitskrise führte die *New York Times* einen neuen Managementposten ein, den „Public Editor", und nahm mehrere Änderungen im Management vor, um derartige Krisen in der Zukunft zu vermeiden.

Im Rahmen dieser Veränderungen wurde auch eine Plagiat-Software entwickelt (vgl. Links am Ende dieses Kapitels). Die Software heißt *iThenticate* und funktioniert ähnlich wie die Plagiat-Software *Turnitin*, die für höhere Bildungseinrichtungen geschaffen wurde.[5]

Diese neuen Arbeitsmittel dienen dazu, Qualität im Journalismus zu erreichen. Journalisten müssen bei der Verteidigung der journalistischen Ethik in der redaktionellen Praxis an vorderster Front stehen. Aber es ist existenziell wichtig, dass auch das Medienmanagement sich mit Journalisten und Medientrainern abstimmt, um im digitalen Zeitalter Qualität im

---

5   Ein ähnliches System wurde vom Autor des vorliegenden Kapitels entworfen und heißt *News Copy*. Es basiert auf einer Sparte der Computerwissenschaft, die als „Natural Language Processing" bekannt ist und eine Untergruppe der künstlichen Intelligenz darstellt. News Copy vergleicht automatisch einen Nachrichtenartikel mit ähnlichen online veröffentlichten Artikeln im ganzen Web oder in eigenen Datenbanken.

Journalismus zu sichern. Dafür ist eine journalistische Ausbildung nötig, die angehende Journalisten auf ethische Herausforderungen im digitalen Zeitalter vorbereitet.

Automatische Plagiat-Softwaretools sind unerlässlich, um in unserem vernetzten digitalen Zeitalter einen verantwortungsbewussten Journalismus zu praktizieren. Hier könnten zusätzlich digitale Foto-, Video- und Audio-Aufzeichnungstechnologien sowie digitale Wasserzeichen[6] Abhilfe schaffen. Allerdings kann auch durch diese Software nicht verhindert werden, dass Reporter Quellen einfach erfinden.

Ein weiteres Beispiel: Wenn der Nachrichtensender *CBS News* eine Plagiats-Software gehabt hätte, hätte ihm im April 2007 eine peinliche Situation und die nachfolgende Schadensbegrenzung erspart bleiben können. Im Abendnachrichtenprogramm von *CBS News* wurde in einem Beitrag die Frage behandelt, inwieweit Kinder im Zeitalter des Internets noch Büchereien nutzen. Der Bericht wurde online in einem Bereich der CBS-Website zur Verfügung gestellt, der den Namen „Katie Couric's Notebook" trägt und ebenfalls von Fernseh- und Rundfunkanstalten von CBS-Tochterunternehmen genutzt werden kann. Bedauerlicherweise aber hatte der Produzent, der das Skript für *Couric* geschrieben hatte, den Beitragstext einfach aus einem Bericht abgeschrieben, der im März im *Wall Street Journal* erschienenen war.

Ein Redakteur des *Wall Street Journal* bemerkte das offensichtliche Plagiat und setzte sich mit *CBS News* in Verbindung. CBS leitete eine eigene Untersuchung zu den beiden Berichten ein und kam zu dem Schluss, dass der CBS-Kommentar praktisch identisch mit dem zuvor im *Wall Street Journal* veröffentlichten Artikel war.

CBS zog daraufhin den Beitrag zurück, veröffentlichte eine Richtigstellung und entließ den Produzenten, konnte einen Gesichtsverlust jedoch nicht komplett vermeiden. Daher wurde die Einrichtung neuer Leitlinien angekündigt, mit denen derartige Vorkommnisse in Zukunft vermieden werden sollen. Eine Plagiats-Software, die vor der Veröffentlichung eines Berichts eingesetzt wird, könnte dabei helfen, solche Arten des Betrugs in Zukunft zu stoppen.

---

6   Digitale Wasserzeichen bieten dem Nutzer die Möglichkeit, unerlaubte Kopien aufzuspüren, indem sie als unsichtbare Markierung dauerhaft mit dem Dokument verknüpft sind.

Zusammenfassung

Durch den Einzug digitaler Technologien haben in den letzten Jahren umwälzende Veränderungen stattgefunden. Die monomedialen Grenzen der klassischen Medien verschwinden, da jedes Medium mittlerweile über einen Online-Auftritt verfügt. Durch digitale Arbeitsmittel wie Handykameras und die ständige globale Verfügbarkeit des Internets lassen sich Nachrichten 24 Stunden lang kontinuierlich aktualisieren und verbreiten. Aus diesen Nachrichten können sich die Rezipienten eine persönliche Auswahl zusammenstellen. Der leichte Zugriff fördert allerdings auch die Gefahr von Plagiaten und Urheberrechtsverletzungen.

Auch die Struktur der Nachrichtenredaktionen ändert sich, da durch die digitalen Neuerungen eine bessere Kommunikation der Ressorts untereinander möglich ist und freie Reporter stärker miteinbezogen werden. Sie können ihre Bilder oder Meldungen direkt vom Ort des Geschehens senden. Auf der anderen Seite werden die Journalisten stärker gefordert, da sie multimedial und crossmedial produzieren müssen.

Weiterführende Literatur

Haas, Tanni (2004): Qualitative Case Study: Methods in Newsroom Research and Reporting. The Case of Acron Beacon Journal. In: Iorio, Sharon Hartin (Hrsg.): Qualitative Research in Journalism. Taking it to the Streets. Mahwah, New Jersey: Lawrence Erlbaum Associates, S. 59-72.
Lünendonk,Thomas (2004): Redaktionsmanagement. In: Pürer, Heinz/Rahofer, Meinrad/Reitan, Claus (Hrsg.): Praktischer Journalismus: Presse, Radio, Fernsehen, Online. Konstanz: UVK, S. 287-301.
Pavlik, John V. (2008): Media in the Digital Age. New York: Columbia University Press.
Shelter, Brian (2008): TV Networks Rewrite the Definition of a News Bureau. In: The New York Times,13. August 2008.
http://www.nytimes.com/2008/08/13/business/media/13bureaus.html?fta=y
Weichler, Kurt (2003): Redaktionsmanagement. Konstanz: UVK.

Links

Barry, Dan et al: "CORRECTING THE RECORD; Times Reporter Who Resigned Leaves Long Trail of Deception." In: The New York Times, 11.5. 2003.
http://query.nytimes.com/gst/abstract.html?res=FB0910FA395B0C728DDDAC0894DB404482;
Informationen zur Plagiatssoftware unter:
http://www.ithenticate.com/static/publishing.html

Kapitel 3: Innovationen im Redaktionsmanagement III: Der digitale Newsroom von ARD-aktuell Sichtweisen der Praxis (Kai Gniffke)

Der 11. September 2001 – ein Tag, der für *ARD-aktuell* beinahe zum traumatischen Erlebnis wurde. Innerhalb eines Tages wurde klar, dass das Nachrichten-Flaggschiff bei aller journalistischen Potenz auf ein Ereignis dieser Tragweite strukturell nicht vorbereitet war. Die ARD hat an diesem Tag nicht in gewünschtem Umfang den Menschen mit Informationen, Einordnung und Orientierung dienen können. Nur mit Hilfe von neuen Arbeitsstrukturen, neuer Arbeitsorganisation und neuer Technik lassen sich nachrichtliche Großereignisse dieser Art für den Fernsehzuschauer angemessen umsetzen – wenn das bei einem Ereignis dieser Art überhaupt möglich ist, ohne zynisch zu klingen.

Sechs Jahre später, 11. September 2007: In der ersten großen Planungskonferenz bei *ARD-aktuell* ist das Datum den Redakteuren nur zu bewusst. Natürlich wird die *Tagesschau* an diesem Tag über die Gedenkfeier in New York berichten. Aber unterschwellig teilen alle die Sorge vor neuen Anschlägen zum Jahrestag. Die Sicherheitsbehörden haben entsprechende Warnungen herausgegeben, und nur wenige Tage zuvor ist der womöglich schwerste Terrorakt in der Geschichte der Bundesrepublik vereitelt worden. Was also, wenn es heute wieder passiert? Ist die ARD diesmal einer Extremsituation gewachsen?

Lernziele

⊃ Wie verläuft der Alltag in einer Nachrichtenredaktion, die mehrmedial Fernseh-, Online- und mobile Angebote produziert?
⊃ Wie kann ein nachrichtliches Großereignis wie der 11. September optimal multimedial für verschiedene Plattformen bearbeitet werden?

◯ Welche Möglichkeiten gibt es jenseits vom Alltag, um innovative Ideen, beispielsweise zur Qualitätssicherung oder bei der Entwicklung neuer Angebote, umzusetzen?
◯ Wie können redaktionelle Strukturen offen gehalten werden für Innovationen, die als dauerhafter Prozess begriffen werden?

Alltag in einer Nachrichtenredaktion: Planung

10.30 Uhr, die erste große Konferenz bei *ARD-aktuell* in Hamburg. Wie jeden Tag tragen die Planungsredakteure vor, welche Ereignisse diesen Tag voraussichtlich bestimmen werden. Aktualität ist in hohem Maße planbar, denn Bundestagsdebatten, Staatsbesuche und Pressekonferenzen sind meist lange vorher terminiert. Die Planer nennen Ansprechpartner, Autoren und Überspielzeiten für die möglichen Beiträge. Mit am Tisch sitzen die Chefs vom Dienst für die *Tagesschau*-Ausgaben des Tages, die festlegen, welcher Beitrag in welcher Ausgabe laufen soll. Der Redakteur für die Eurovision[1] berichtet, welche Bilder im Laufe des Tages im internationalen Bildaustausch zu erwarten sind, und ein Kollege von *tagesschau.de* trägt die Schwerpunkte des Online-Angebots vor. Thematisch wird dieser Tag geprägt vom Gedenken in New York, den Terrorermittlungen in Deutschland, der Haushaltsdebatte im Bundestag und dem bevorstehenden Urteil des BVG zu den Rundfunkgebühren. Diese Themen sind für alle Sendungen „gesetzt". In der Konferenz gibt der Planer für den Info-Kanal bekannt, welche Interview- bzw. Schaltpartner für den Tag angefragt sind. Dieser Gast könnte schließlich auch für die *Tagesschau* um 17 Uhr oder für das *Nachtmagazin* interessant sein.

Die Planungsredaktion

Täglich sind in der Planungsredaktion drei Positionen besetzt: Planung Inland, Planung Ausland und Planung für den Info-Kanal. Basis der Planungsredaktion sind die so genannten Wochenangebote der Korrespondentenbüros im In- und Ausland, die eine Übersicht über die Ereignisse

---

[1] Die Eurovision ist eine Einrichtung der European Broadcasting Union (EBU), über die Fernsehbeiträge ausgetauscht werden können.

schicken, die in den kommenden Tagen im Berichtsgebiet zu erwarten sind. Häufig ist klar, dass das eine oder andere Thema mit Sicherheit in einer der Sendungen aufgegriffen wird. Dann „kaufen" die Planer bereits „Stücke" (Reporterberichte) fest ein. *ARD-aktuell* fertigt mit Ausnahme von kurzen Nachrichtenfilmen selbst keine Beiträge an. Alles, was als fertig vertonter Film in der *Tagesschau* läuft, kommt aus einem der Studios im In- und Ausland. Die Überspielungen erreichen die Redaktion meist über Bildleitungen oder über Satellit, in jüngster Zeit aber immer öfter auch als „file transfer", also als Video-Datei. Auf diese Beiträge haben alle Sendungen Zugriff – ebenso wie auf das gesamte Bildmaterial aus der Eurovision. Zugleich werden im Laufe des Tages neue Beiträge in Auftrag gegeben.

Damit dabei nicht versehentlich Aufträge doppelt vergeben werden, halten die Planungsredakteure alle Informationen über die Sendungen auf einem Planungsblatt im Redaktionssystem fest, das alle einsehen können. Nächstes Ziel ist ein elektronisches Planungstool, das alle Daten zu einem Thema von der Idee über die Recherche bis hin zum Zeitpunkt der Leitungsüberspielung bündelt – die Basis für synergetisches Arbeiten. Dies gilt auch für die Anfragen von Gesprächspartnern.

Alltag in einer Nachrichtenredaktion: Themen

Um 14 Uhr wird der CvD seine erste längere *Tagesschau*-Ausgabe im „Ersten" fahren. Er hat in der Planungssitzung um 10.30 Uhr den Planungsredakteuren mitgeteilt, welche Berichte er an diesem Tag aus den Studios haben möchte. Auch sein Konzept für die folgenden Sendungen steht im Wesentlichen schon. Wie alle seine Kollegen muss er in der Lage sein, verschieden akzentuierte Sendungen zu bauen, denn *ARD-aktuell* produziert sehr unterschiedliche Formate, von der Kurznachrichtensendung am Morgen über die moderierten *Tagesschau*-Ausgaben am Nachmittag bis zur klassischen Sprechersendung um 20 Uhr. Rechnet man die Formate *Tagesthemen* und *Nachtmagazin* hinzu, sind das allein im „Ersten" rund 20 Ausgaben am Tag. Zugleich bedient *ARD-aktuell* den Informationskanal „Eins Extra", der werktags nach dem Ende des ARD-*Morgenmagazins* um 9 Uhr im Digitalbouquet der ARD mit aktueller Information für 11 Stunden auf Sendung geht. Für jedes dieser Formate muss eine Nachricht passend aufbereitet sein.

Digitaler Newsroom

Im digitalen Newsroom von ARD-aktuell arbeiten etwa 30 Redakteure, Grafiker und Mediendesigner in drei Newsrooms. Die Räume sind sieben Tage die Woche besetzt, um täglich rund 13 Stunden Sendematerial zu produzieren. Zu den Sendungen, denen *ARD-aktuell* zuarbeitet, gehören die *Tagesschau*, die *Tagesthemen*, das *Nachtmagazin* und die Formate des Infokanals. Außerdem kann das Online-Format *tagesschau.de* direkt auf die Arbeitsergebnisse von *ARD-aktuell* zugreifen. Das Konzept des vernetzten Arbeitsplatzes ist eigens für die *ARD-aktuell*-Redaktion maßgeschneidert und aus verschiedenen Newsroom-Konzepten anderer Redaktionen zusammengestellt worden. Für die Redakteure funktioniert die Zusammenarbeit untereinander sowie mit Grafikern und Mediengestaltern nahtlos, da jeder von einem Redakteursarbeitsplatz direkten Zugriff auf alle zur Verfügung stehenden Materialien hat, etwa Videos, Fotos, Grafiken sowie Hörfunk- und Fernsehbeiträge.

Die 14 Uhr-Sendung wird der CvD mit der Haushaltsdebatte „aufmachen". Dann steht der Bericht des ARD-Hauptstadtstudios aus dem Bundestag an erster Stelle. Washington „schläft noch", so dass der CvD aufgrund der Zeitverschiebung für die frühe Sendung das Thema Gedenken in New York noch nicht einplanen kann. In dieser Ausgabe wird er das Urteil im Fall des getöteten Kindes Mitja melden: kein typisches politisches Thema. Da das Urteil aber gerade ergangen ist, kann man darüber wegen der hohen Aktualität berichten.

Nachmittagsausgaben der *Tagesschau* sowie die Seite von *tagesschau.de* und der Info-Kanal gewichten die Aktualität einzelner Ereignisse bei der Themenauswahl und beim Bau der Sendung höher als etwa die Hauptausgabe am Abend. So kommt es, dass selbst ein Thema wie „Mitja" aus der Rubrik Vermischtes den Weg in eine *Tagesschau* findet. Die Ausgabe um 20 Uhr würde eher auf dieses Thema verzichten. Sie versteht sich als Zusammenfassung der wichtigsten Ereignisse des Tages und orientiert sich primär am Kriterium der Relevanz. In der Regel liegt der Schwerpunkt dieser Sendung auf dem Thema Politik, wobei die Redaktion auch da genau abklopft: Was ist wirklich inhaltlich herausgekommen? Was ist neu? Wie viel davon war reine Inszenierung? Dabei hat Innenpolitik naturgemäß Vorrang vor Außenpolitik, wenngleich Platz sein muss für Ereignisse in Kongo oder Birma. Erst im hinteren Bereich einer Sendung würdigt die *Tagesschau* ein Thema, das sich durch eindrucksvolle Bilder auszeichnet, wie einen Vulkanausbruch oder eine Hochhaussprengung. Meldungen mit hohem Gesprächswert über Prominente oder Sportler müssen im Gegensatz zu den Sendungen anderer Nachrichtenanbieter in der *Tagesschau* mit wenigen Sekunden auskommen.

Etwas anders bewerten Magazinformate wie die *Tagesthemen* oder das *Nachtmagazin* die Nachrichtenlage. Natürlich haben auch sie den Anspruch, den Zuschauern das Wichtigste vom Tage zu vermitteln. Aber diese Sendungen müssen vertiefende Informationen liefern, Hintergründe beleuchten und Schwerpunkte bilden. Zugleich versuchen diese Formate immer auch, eigene Themen zu setzen, die nicht auf der klassischen Nachrichtenagenda des Tages stehen. Solche Beiträge eignen sich wiederum selbst am Folgetag noch für den Info-Kanal, während die Haltbarkeit eines *Tagesschau*-Berichts nie länger als ein Tag währt. Zugleich können sich solche Magazin-Formate durchaus auch an „weichere" Themen herantrauen. Vor allem das *Nachtmagazin* öffnet sich mehr als alle anderen Formate von *ARD-aktuell* Themen von hohem Gesprächswert. Dabei gelten für alle Sendungen jedoch dieselben journalistischen und handwerklichen Standards der Redaktion.

Alltag in einer Nachrichtenredaktion: Strukturen

Ebenfalls um 14 Uhr treffen sich die die CvDs und die Planungsredakteure für die Sendungen des Tages mit den beiden *ARD-aktuell*-Chefredakteuren im Konferenzraum zu einer Telefon-Schaltkonferenz. Zugeschaltet sind alle Chefredakteure der ARD-Landesrundfunkanstalten, um unter der Leitung ihres Koordinators die weiteren Sendungen des heutigen Tages zu besprechen und die Sendungen des Vortags zu kritisieren. *ARD-aktuell* trägt dabei vor, was für heute auf dem Programm steht. Daraufhin wird beschlossen, wer welches Thema in den *Tagesthemen* kommentieren wird. Oft wird dabei zwischen mehreren Themen und Bewerbern abgestimmt. Jede ARD-Anstalt hat dabei eine Stimme. *ARD-aktuell* hat als Gemeinschaftseinrichtung der ARD eine Sonderstellung. Das Geld für diese Zentralredaktion bezahlen die einzelnen Sender entsprechend ihrer Größe innerhalb der ARD. Organisatorisch ist *ARD-aktuell* beim NDR in Hamburg angegliedert.

Die Strukturen innerhalb einer großen föderativen Einrichtung wie der ARD prägen einen großen Teil der redaktionellen Arbeit. Entscheidend ist es, innerhalb festgelegter Strukturen Raum für Innovationen zu schaffen: Die Ansätze sind vielfältig.

Qualitätssicherung im Nachrichtenjournalismus

Prime-time für die Qualitätssicherung ist im ARD-Newsroom um 19.50 Uhr. Um diese Zeit laufen meist die Beiträge der Korrespondenten aus dem In- und Ausland ein. Jeweils ein Redakteur und der Chef vom Dienst nehmen die Stücke ab, bevor sie auf den Sender gehen. Selbst wenn ein Film erst während der Sendung einläuft, müssen Fehler noch erkannt und durch einen Schnitt ausgebügelt werden. Gleichzeitig hat die Redaktion die Agenturlage im Blick, um noch Texte ändern und neue Meldungen schreiben zu können. Für diese „heiße Phase" sind die Ressourcen von *ARD-aktuell* ausgelegt. Denn Qualität zeigt sich auf der „Zielgeraden". Erst mit der Schlussfanfare ist Redaktionsschluss, Schichtende ist dann immer noch nicht. Denn eine ausführliche Programmkritik ist Pflicht, wenn man Qualität halten und noch besser werden will. Beiträge, Texte, Grafiken – alles wird noch einmal kritisch betrachtet. Wie schon in den Konferenzen zuvor reden hier alle mit. Dabei gibt es keine Tabus. Das geht allerdings nur mit einer guten Diskussionskultur, die jedem die Sicherheit gibt, dass man Schwächen ansprechen darf, ohne Sanktionen befürchten zu müssen.

Nach und nach erhält die Redaktion durch diese Diskussionen Hinweise auf strukturelle Schwachstellen der Sendungen. Diese Punkte lassen sich nicht allein in einer Konferenz lösen. Deshalb gibt es in regelmäßigen Abständen Klausurtagungen und Workshops, bei denen die Leitlinien wie z. B. Sprache und Themenauswahl des jeweiligen Formats nachjustiert werden. Dies gilt vor allem für die *Tagesthemen* und das *Nachtmagazin.* Für die Weiterentwicklung der *Tagesschau* hat *ARD-aktuell* eine Arbeitsgruppe gebildet, die mit Redakteuren aller Gehalts- und Vergütungsgruppen besetzt ist. Die Änderungsvorschläge werden in der ganzen Redaktion kommuniziert und diskutiert, bevor die Leitungsebene von *ARD-aktuell* diese für verbindlich erklärt. So entsteht bei allen Mitarbeiterinnen und Mitarbeitern eine starke Identifikation mit dem Produkt *Tagesschau* – die Voraussetzung für hohe Qualität.

Nur mittelbar hat die Zentralredaktion in Hamburg Einfluss auf die Qualität der Beiträge, die aus den Landesrundfunkanstalten kommen. Hier funktioniert die Qualitätssicherung am besten über ein fundiertes Feedback. Jeder Korrespondent hat nach seiner Arbeit Anspruch auf eine qualifizierte Rückmeldung – sei es per Anruf oder per Mail. Denn die Kritik am gesendeten Film ist bereits die Vorarbeit für den nächsten.

Innovationen in der Qualitätssicherung

Darüber hinaus versucht *ARD-aktuell,* positive Anreize für herausragende Filme zu geben. Seit zwei Jahren verleiht die Redaktion einmal im Jahr die „Tagesthemen-Awards". In zehn Kategorien wie z.B. „Bestes Politikstück" oder „Beste Recherche" werden Beiträge von außergewöhnlicher journalistischer und handwerklicher Qualität ausgezeichnet. Dies bedeutet eine Wertschätzung der Autoren, schafft Identifikation der weit verstreuten Reporter mit der Zentralredaktion und fungiert gleichzeitig als Ideenbörse für innovative Ansätze bei Nachrichtenfilmen.

Innovationen im Zuschauer-Dialog: Das Beispiel Blogs

Auch in anderen Bereichen ist Raum für Innovationen: Nach der 20-Uhr-*Tagesschau* wird es ruhiger. Jetzt ist Gelegenheit für die Chefredakteure, den Tag Revue passieren zu lassen. Sie tun dies öffentlich im Blog von *tagesschau.de.* Hier schreiben sie, welche Fragen die Redaktion an diesem Tag bewegt haben, und warum sie sich für oder gegen ein bestimmtes Thema entschieden hat. Das Blog soll erklären, nicht entschuldigen, wie *ARD-aktuell* „tickt". Denn der Grundsatz der Transparenz gilt nicht nur nach innen. Auch die Zuschauer, die mit Gebühren erst die *Tagesschau* möglich machen, sollen auf diese Weise an den Entscheidungsprozessen teilhaben und darüber diskutieren. Gerade bei jungen Zuschauern wächst das Bedürfnis nach Partizipation – das Internet bietet die Basis dafür. Zugleich dient das ARD-Blog der internen Kommunikation bei *ARD-aktuell*. Redakteure führen häufig die dort begonnenen Diskussionen in der Redaktion weiter und nehmen die kritischen Anmerkungen und Stimmungen der Kommentatoren auf. Als innovatives Angebot im Bereich Information wurde das *Tagesschau*-Blog im Jahr 2007 mit dem Grimme-Online-Award ausgezeichnet.

Innovationen im Alltag: Neue Workflows

Die gravierendste Veränderung für die Fernseh-Journalisten ist, dass sie ihre Bilder heute selbst schneiden müssen. Was früher ausschließlich Cuttern vorbehalten war, geht nun zum Teil in das Berufsbild des Redakteurs über. Redakteure machen zumindest einen Vorschnitt, den der Cutter allenfalls noch einmal kurz kontrolliert. Dann verknüpft er das geschnittene Material mit dem Sendeplan. Der Cutter greift vor allem dann ein, wenn einmal ein anspruchsvoller Schnitt in Bild oder Ton zu machen ist oder wenn der Redakteur aufgrund seiner journalistischen Aufgaben nicht mehr zum Schneiden kommt. Das geht nur, wenn alle eng zusammen arbeiten und sich die Arbeit auf Zuruf teilen können, weshalb bei ARD-aktuell Redakteure, Grafiker und Cutter in einem Newsroom sitzen. Dies folgt der Philosophie des vernetzten Arbeitsplatzes. Die althergebrachte Trennung in Redaktion und Produktion ist damit passé.

Innovationen: Der Newsroom als Plattform für verschiedene Kanäle

Seit Mitte 2007 gibt es die *Tagesschau in 100 Sekunden* als stündlich aktualisiertes Nachrichtenformat für Mobiltelefone. Damit ist die *Tagesschau* tagsüber immer und überall zu nutzen. Die Basis dafür liefert der Informationskanal „Eins Extra" im Digitalen Bouquet der ARD. Hier liefert die *Tagesschau*-Redaktion den ganzen Tag über Nachrichten und Hintergründe. Der 100-Sekunden-Überblick wird nicht speziell für das Handy produziert, sondern wird aus dem laufenden TV-Programm von „Eins Extra" herausgeschnitten und für das Mobiltelefon nutzbar gemacht. Auf diese Weise reagiert ARD-aktuell auf den sich entwickelnden Bedarf nach Nachrichten als Video-on-demand über Internet-Verbindungen. Apropos Internet: Die Kurznachrichten von „Eins Extra" sowie Sendungen der *Tagesschau* sind bei tagesschau.de natürlich online zu sehen – als Abruf oder Live-Stream.

Redaktionelle Strukturen, die Innovationen erlauben

Seit 2003 sind bei *ARD-aktuell* Veränderungsprozesse in Gang, die tiefgreifender sind als alle Innovationen in den fünfzig Jahren zuvor. Keimzelle des Veränderungsprozesses war ein achtköpfiges Projektteam aus der Redaktion, dessen Ziel die Digitalisierung von *ARD-aktuell* war. Diese Redakteure haben im Laufe von drei Jahren neue Techniken erprobt, veränderte Arbeitsabläufe entwickelt und dabei – fast als eine Art Abfallprodukt – die Strukturen für den heutigen Info-Kanal geschaffen. Der entscheidende Unterschied zur Arbeit zahlreicher anderer Sender im Digitalisierungsprozess war die enge Kooperation von Redaktion und Produktion. Nur wenn Journalisten die genauen Anforderungen definieren, können die Ingenieure eine Technik entwickeln, die alltagstauglich ist. Doch das ist nur der erste Schritt. Mindestens genau so wichtig ist die spätere Akzeptanz durch die gesamte Redaktion. Dazu wurden bei *ARD-aktuell* mehrere Arbeitsgruppen eingerichtet, bei denen Vertreter aus Projektteam und der „klassischen" Redaktion beraten, wie die neuen „Workflows" übernommen werden können. Mitunter trägt die Redaktion dabei heftige Konflikte aus. Schließlich geht es um tief greifende Veränderungen in der täglichen Redaktionsarbeit. Doch es ist nicht Bequemlichkeit, die Redakteure vor Veränderungen zurückschrecken lässt, sondern die Erfahrung, dass bisher ja alles gut lief und man erfolgreiche Sendungen gemacht hat. Riskiert man da nicht mit neuen Workflows die bisher erreichte Qualität? Die Arbeitsgruppen machen ihre Ergebnisse allen Redaktionsmitgliedern zugänglich. So sind alle auf dem gleichen Stand und können mitdiskutieren, wenn der „Gesprächskreis *ARD-aktuell*" zusammenkommt. In diesem Forum finden einmal im Monat offene, kontroverse Diskussionen aller Mitarbeiter untereinander und mit der Chefredaktion statt. Transparenz ist eine der wichtigsten Voraussetzungen für erfolgreiche Veränderungsprozesse und gehört deshalb bei *ARD-aktuell* zur Unternehmenskultur. Damit verbunden ist auch eine „Fehlerkultur". Fehler – sei es journalistischer oder technischer Art – werden nicht hingenommen. Aber es wird niemand für einen Fehler bestraft. Alle akzeptieren, dass es hundertprozentige Perfektion nicht gibt – weder bei Menschen noch bei hoch komplexen IT-Systemen sind Fehler völlig auszuschließen. Deshalb steht die Analyse im Vordergrund, welcher Fehler warum auftrat. Und vor allem: Wie lässt sich eine Wiederholung vermeiden? Denn in einem Klima der Angst werden Fehler vertuscht, und das verhindert Veränderung und Verbesserung.

Nachrichtliche Großereignisse im mehrmedialen Newsroom

Der digitale Nachrichtenkanal *Eins Extra* ist den ganzen Tag über live auf Sendung. Das ist logistisch nicht einfach, wenn etwa Arbeitspausen oder Schichtwechsel und Übergaben während der laufenden Sendung zu organisieren sind. Aber es bietet die Gewähr, dass *ARD-aktuell* auf ein plötzliches Ereignis reagieren kann. Da ständig eine Redaktion und ein Studio „unter Dampf" sind, kann die *Tagesschau* jederzeit auf den Sender gehen und muss nicht erst mühsam ein Team zusammentrommeln.

Doch in dieser Chance steckt auch eine Risiko, zumindest eine Versuchung: Wer schnell sein *kann,* möchte es irgendwann auch mal demonstrieren. Die Schwelle, mit einer Sondersendung Erster zu sein, sinkt mit der Realisierungsmöglichkeit. Da es früher meist länger dauerte, bis eine Sondersendung beginnen konnte, blieb auch mehr Zeit, ein Ereignis zu verifizieren. Heute wächst die Gefahr, unter hohem Zeit- und Konkurrenzdruck einer falschen Information aufzusitzen. Doch die Vorteile der verkürzten Wege scheinen zu überwiegen: Erstens muss sich die Redaktion jetzt nicht mehr mit dem Aufbau der Logistik beschäftigen und hat mehr Zeit zur Recherche. Zweitens ist die *Tagesschau* in der Lage, als „Redaktion der zwei Geschwindigkeiten" abgestuft zu reagieren: sofortige Berichterstattung im Internet und im digitalen TV-Kanal, während „Das Erste" die Informationen nur als Laufband übermittelt und wartet, bis die

Recherche weiter gediehen ist. Sollte ein Ereignis eine Sondersendung im „Ersten" erforderlich machen, kann *ARD-aktuell* sofort alle Kapazitäten bündeln. Die gesamte Redaktion arbeitet dann für diese Sendung, die im Hauptprogramm *und* im Info-Kanal ausgestrahlt wird.

Auch die Entscheidungsstrukturen sind heute anders organisiert als noch 2001. Heute gibt es eine kurze Alarmkette. Bei einem Ereignis von großer Tragweite holt sich der Chefredakteur von *ARD-aktuell* beim Koordinator oder dem Direktor des Deutschen Fernsehens in München das „Okay" für eine *Tagesschau extra*. Erreicht er keinen der beiden, entscheidet er selbst, ob *ARD-aktuell* ins Programm geht. Umständliche Abstimmungsprozesse sind dafür nicht erforderlich. Dann tritt ein festgelegter Alarmplan bei *ARD-aktuell* in Kraft. Darin ist genau festgelegt, welches Team zu welcher Tageszeit für eine mögliche Sondersendung verantwortlich ist. Sobald sich *ARD-aktuell* „sendebereit" meldet, unterbricht die Zentrale Sendeleitung in Frankfurt das Programm im „Ersten" zugunsten der Sondersendung.

Die föderale Struktur der ARD hat einen nicht zu unterschätzenden Nutzen für die zentrale Nachrichtenredaktion. Die unterschiedlichen journalistischen Sichtweisen der einzelnen Anstalten ermöglichen *ARD-aktuell* bei allen Ereignissen eine unabhängige Bewertung nach ihren nachrichtlichen Kriterien. Natürlich muss sich die Redaktion für alle Entscheidungen rechtfertigen. Aber der Durchgriff über die Hierarchie ist erschwert, da nicht weniger als neun Intendanten über die Qualität, Ausgewogenheit und Unabhängigkeit von *ARD-aktuell* wachen. Das macht die Redaktion nahezu immun gegenüber politischen Einflussnahmen.

Erst am späten Abend des 11. September 2007 lichten sich die Reihen bei *ARD-aktuell*. Gegen 23.30 geht das *Tagesthemen*-Team nach Hause, etwa eineinhalb Stunden später ist auch für die Crew des *Nachtmagazins* Schluss: Sechs Jahre nach dem Terrorangriff in den USA ging der Tag ohne dramatische Ereignisse zu Ende. Zwei Redakteure halten bei *ARD-aktuell* die ganze Nacht über die Stellung und produzieren die Nachtausgaben der *Tagesschau*. Eine Studiobesatzung ist deshalb ebenfalls im Dienst. Im Falle von besonderen Ereignislagen können sie Sonderausgaben der *Tagesschau* fahren, Außenstudios alarmieren, zusätzliche Redakteure anfordern und bereits eine Krisenstruktur für den kommenden Tag aufbauen.

Zusammenfassung

Ob im Falle eines neuen, unvorhersehbaren politischen Großereignisses wie dem 11. September 2001 alle Strukturen optimal funktionieren und der ARD-Newsroom ein umfassendes, mehrmediales und qualitativ hochwertiges Angebot aktuell bereitstellen kann, lässt sich nicht vorhersagen. Aber es lassen sich im Alltag Strukturen schaffen, die eine gute Voraussetzung für das Funktionieren in Krisensituationen bieten. Erster Ansatzpunkt der Umstrukturierungsprozesse bei *ARD-aktuell* ist ein digitaler Newsroom, in dem die Arbeitsplätze aller Mitarbeiter vernetzt sind und direkten Zugriff auf das gesamte Material haben. Die Planungsredakteure nutzen elektronische Tools, um ein synergetisches Arbeiten der einzelnen Sendungen und Formate zu ermöglichen. Auch die Kommunikation mit den Zuschauern läuft elektronisch ab. Das ARD-Blog gibt den Nutzern die Möglichkeit, nicht einfach passiv die Nachrichten zu konsumieren, sondern aktiv ihre Anregungen und Kritikpunkte deutlich zu machen. Für die Redakteure bedeutet das Feedback und Anregungen zu ihrer Arbeit. Insbesondere die Einführung neuer Workflows, bei denen die enge Kooperation von Redaktion und Produktion im Vordergrund stand, hat es möglich gemacht, dass die Redaktion von ARD-aktuell heute schneller und entscheidungsfreier auf Nachrichtenereignisse reagieren kann.

Weiterführende Literatur

Arbeitsgemeinschaft der öffentlich-rechtlichen Rundfunkanstalten der Bundesrepublik Deutschland (2008): ARD-Jahrbuch 2007. Baden-Baden: Nomos Verlagsgruppe.
Armborst, Matthias (2006): Kopfjäger im Internet oder publizistische Avantgarde? Was Journalisten über Weblogs und ihre Macher wissen sollten. Berlin: Lit-Verlag.
Kaumanns, Ralf/Siegenheim, Veit/Knoll, Eva Marie (2007): BBC - Value for Money & Creative Future. Strategische Neuausrichtung der British Broadcasting Corporation. München: Reinhard Fischer.
Pagel, Sven (2003): Integriertes Content Management in Fernsehunternehmen. Wiesbaden: Deutscher Universitätsverlag.
Stepp, Carl Session (2008): Editing for Today's Newsroom – a Guide for Success in a Changing Profession. New York: Routledge.

Kapitel 4: Innovationen in der Kommunikation mit Mediennutzern: Blogs
Perspektiven der Forschung (John Pavlik)

Einen PR-Gau beim Klingelton-Unternehmen Jamba löst im Dezember 2004 der bis dahin unbekannte Berliner Blogger Johnny Häusler aus. In seinem Blog auf *spreeblick.de* beschreibt er, wie das Unternehmen beim Verkauf von Klingeltönen vorgeht: „Sie tun einfach nur so, als ob sie euch einen Klingelton verkaufen, in Wirklichkeit aber verkaufen sie euch ein immer weiter laufendes Abonnement für ganz viele Klingeltöne."[1]

Daraufhin entbrennt auf der Seite eine empörte Diskussion über die Geschäftspraktiken von Jamba. Unter die Kommentatoren des Artikels mischen sich auch Jamba-Mitarbeiter, die sich allerdings nicht als solche zu erkennen geben. Mit Kommentaren wie „Wer zu blöd ist, sich AGBs durchzulesen und das gesprochene Wort ,Monats-Abo' nicht versteht, ist es selber schuld und sollte eigentlich auch gar kein Handy haben dürfen" versuchen sie, das Unternehmen aus den negativen Schlagzeilen zu bringen. Doch leider erreichen sie damit nur das Gegenteil. Anhand der protokollierten IP-Adressen kann Johnny Häusler nämlich beweisen, dass alle Pro-Jamba-Kommentare von derselben IP-Adresse aus dem Jamba-Unternehmen geschrieben wurden. Die Blogger selbst reagieren auf diese Art der „Undercover-PR" empört.

Der Fall Jamba hat gezeigt, wie Öffentlichkeitsarbeiter und Kommunikationsmanager bis dahin den Einfluss von Bloggern unterschätzt haben.

Den Erfolg von Weblogs haben mittlerweile auch klassische Medien erkannt. Immer mehr nutzen so die Möglichkeit, um in direkten interaktiven Kontakt mit ihren Lesern, Zuschauern oder Hörern zu treten. Neben der ARD und dem ZDF bloggen etwa auch die Redakteure von *Zeit* und *Handelsblatt*. Gleichzeitig hat sich ein neues Genre der Blogs entwickelt: Medienblogs, also Blogs über Medien, von denen einige eine Kontroll-

---

1 http://www.spreeblick.com/2004/12/12/jamba-kurs/

funktion der Medien in Anspruch nehmen. Zu den bekanntesten gehören etwa das *Bildblog*, in dem ethische Fehltritte und Falschmeldungen der Boulevardzeitung festgehalten werden, sowie das Blog des Medienjournalisten Stefan Niggemeier[2], der dafür den Grimme Online-Award 2007 erhielt.

Lernziele

⇨ Welche Veränderungen gab es durch den Einzug digitaler Technologien in der journalistischen Berichterstattung?
⇨ Welche neuen Formate sind in den vergangenen Jahren entstanden?
⇨ Für welchen Zweck nutzen Journalisten Weblogs, und welche Defizite weisen Blogs hinsichtlich des journalistischen Anspruchs auf?

Vom Telegrafen zu MTV

Die journalistische Berichterstattung hat eine erstaunliche Entwicklung durchlaufen. Spätestens seit der Verwendung von Fotos im Zeitungsjournalismus Mitte des 19. Jahrhunderts ist sie immer wieder durch neue Technologien auf bedeutende und oft auch sehr direkte Weise beeinflusst worden. Der Einsatz des Telegrafen in den Nachrichtenredaktionen Ende des 19. Jahrhunderts hat zur Herausbildung des als „umgekehrte Pyramide" bekannten Schreibstils beigetragen, bei dem die wichtigsten Informationen gleich zu Beginn der Einleitung bzw. im ersten Satz oder Abschnitt eines Nachrichtenartikels eingeführt werden. Teilweise geschah dies auch, um zu verhindern, dass die wichtigsten Daten verloren gingen, sollte eine Telegrafennachricht mitten in einer Übertragung unterbrochen werden. Im frühen 20. Jahrhundert führte die Entwicklung von Funktechnologien zu den ersten Audionachrichten in Hörfunksendungen. Die Technik der bewegten Bilder ließ etwa zeitgleich die Wochenschau entstehen, und nach dem zweiten Weltkrieg führte die Einführung und Verbreitung des Fernsehens zur Entwicklung der Fernsehberichterstat-

---

2 www.stefan-niggemeier.de/blog

tung. Die ersten Berichte setzten sich aus Live-Nachrichtenprogrammen und aufgezeichneten und bearbeiteten Feldberichten zusammen, die auf Film festgehalten wurden. In den Siebzigern verdrängte die Einführung der Videotechnologie die Filmaufnahme im Fernsehjournalismus.

Untersuchungen des langjährigen Nachrichtenredakteurs Adam Clayton Powell III, der zurzeit Direktor eines experimentellen Forschungszentrums an der University of Southern California (USC) ist, wo Nachrichtentechnologien der nächsten Generation entwickelt werden, deuten darauf hin, dass die Einführung der Videotechnik in Fernsehnachrichten – zumindest auf der Ebene der Nachrichten, die über Network-TV verbreitet werden – einen feinen, jedoch deutlich spürbaren Einfluss auf die Berichterstattung hatte. Leiter von Network-TV-Nachrichtenredaktionen behaupteten bisher, dass es keinen Unterschied mache, ob Nachrichten auf Film oder Video festgehalten würden. Sie änderten allerdings ihre Meinung, als ihnen die Beweise vorgelegt wurden, wie ähnliche Storys, zwischen denen nur wenige Jahre Abstand lagen – die älteren auf Film, die neueren auf Video – in einem vollständig anderen Stil erzählt wurden. Anfang der siebziger Jahre berichteten Nachrichtenredaktionen des US-amerikanischen Fernsehens von einem Staatsstreich auf den Philippinen unter Verwendung der Filmtechnologie. Ein Staatsstreich, der ein paar Jahre später auf den Philippinen stattfand, wurde von den gleichen Nachrichtenabteilungen verfolgt, diesmal allerdings auf Video. Dies war viel leichter und konnte vor allem sofort bearbeitet werden, im Gegensatz zu Film, der chemisch entwickelt werden muss. Wie sich herausstellte, wurden die Videoberichte recht unterschiedlich bearbeitet, mit schnelleren Schnitten, mehr Nahaufnahmen und mehr Action. Es kam dem viel näher, was der CBS-Nachrichtenveteran Bud Benjamin als „NTV" bezeichnete – eine Anspielung auf die Entwicklung von MTV, oder Musikfernsehen, allerdings in einem Nachrichtenkontext.

Journalisten schreiben „Tagebuch"

Die Entwicklung des Kabelfernsehens Ende des 20. Jahrhunderts hatte ebenfalls Einfluss auf den Fernsehjournalismus. Nachrichtensendungen rund um die Uhr mit schlagzeilenartigen Berichten gehörten zunehmend zum Tagesgeschäft der journalistischen Berichterstattung. Gleichermaßen haben Internet und World Wide Web bedeutende Veränderungen in der Berichterstattung ausgelöst. So entstanden beispielsweise Weblogs, oder Blogs, die man als eine Art Online-Tagebücher bezeichnen könnte. Diese Tagebücher können wie „Bewusstseinsströme" sein, die gelegentlich eine thematische Zuordnung, manchmal aber auch wechselnde Themen haben, mit denen die Entwicklungen in der Welt reflektiert werden. Blogs haben sich in den vergangenen Jahren zu einem festen Bestandteil des Web 2.0 entwickelt. Jeder, der über einen Internetzugang verfügt, kann ein eigenes Blog eröffnen – bei vielen Anbietern sogar kostenlos (etwa www.blogpod.de oder www.blogmonster.de). Über die Gesamtheit der Weblogs liegen bis jetzt nur grobe Schätzungen vor. Im jährlichen Bericht „State of the Blogosphere" wertet die Blog-Suchmaschine Technorati die Blogs aus, die durch Tracking erfasst werden können. Seit 2002 wurden von ihr weltweit 133 Millionen Blogs indexiert, stündlich kommen neue hinzu.[3]

Es gibt reine Text-Blogs, andere Blogs beinhalten auch Audiodateien, Bilder, Grafiken sowie Videos und können interaktiv sein. Viele Blogs enthalten weitgehend persönliche Meinungen, andere auch sachliche Informationen. Viele der besten oder beliebtesten Blogs werden von Fachleuten eines bestimmten Gebiets oder auch von Journalisten betreut, die den Inhalt frei von den Auflagen ihrer Arbeitgeber oder Chefredakteure zusammenstellen. In dieser Hinsicht sind Blogs für Journalisten häufig eine Möglichkeit, ihren Schreibstil und die Länge ihrer Beiträge freier bestimmen zu können. Auch wird in Blogs in einem journalistischen Kontext oft mehr persönliche Meinung übermittelt als bei der üblichen Nachrichtenberichterstattung.

Viele Journalisten nutzen die Möglichkeit, ihre Themen frei zu wählen und ihre Texte schreiben zu können, ohne dass dafür eine Themenabstimmung in Redaktionskonferenzen nötig wäre. Dies kann sich als zweischneidiges Schwert erweisen, denn Redakteure und die Redaktion in ihrer Gesamtheit spielen oft eine Schlüsselrolle bei der Überprüfung von Fakten, bei der Korrektur von stilistischen Unsauberkeiten und beim Auf-

---

3 http://technorati.com/blogging/state-of-the-blogosphere/

spüren von fehlenden Informationen in einem Artikel. Außerdem kann ohne die Unterstützung einer Redaktion dem Blog eines frei arbeitenden Journalisten die rechtliche Grundlage fehlen, die u. U. hilfreich sein kann, wenn der Artikel ein kontroverses Thema behandelt. Dies trifft besonders auf freiberufliche Journalisten, Laien oder Privatpersonen zu, die ihre eigenen Blogs veröffentlichen und so eine unabhängige Stimme darstellen.

Bloggen kann teuer werden – ein Fallbeispiel

Der Blogger Josh Wolf aus Seattle im amerikanischen Bundesstaat Washington wurde im August 2006 wegen Missachtung des Gerichts zu einer Gefängnisstrafe verurteilt. Er hatte sich geweigert, mit einem bundesstaatlichen großen Geschworenengericht zusammenzuarbeiten, das Einsicht in Wolfs veröffentlichte Videos und seine Quellen nehmen wollte. Wolf hatte von den Protestveranstaltungen während des WTO (World Trade Organization)-Treffens in Seattle im Jahr 1999 Aufnahmen gemacht. Einige seiner Aufnahmen stellte er in seinen Blog *joshwolf.net*. Ermittler sahen sein Video und wollten wissen, wer seine Quellen waren. Wolf weigerte sich, das Video herauszugeben oder seine Quellen zu benennen und wurde deswegen in die bundesstaatliche Strafvollzugsanstalt in Dublin im amerikanischen Bundesstaat Kalifornien eingeliefert. Da Wolf nicht für kommerzielle oder öffentliche Nachrichtenmedien arbeitet, fehlen ihm die Mittel für seine Strafverteidigung. Schätzungen zufolge belaufen sich seine Gerichtskosten bereits auf über 60.000 US-Dollar. Die *Society of Professional Journalists* hat zugesichert, einen Teil seiner Gerichtskosten zu übernehmen, dennoch wird eine stattliche Summe übrig bleiben, die Wolf selbst zahlen muss. Die meisten professionellen Nachrichtenorganisationen haben eine Versicherung gegen Verleumdungsklagen oder andere rechtliche Mittel zum Schutz ihrer Reporter. Der 24-jährige Wolf büßte wegen Missachtung des Gerichts eine Gefängnisstrafe von 226 Tagen ab, länger als je ein amerikanischer Journalist vor ihm. Er kam erst im April 2007 frei, nachdem er die vom Gericht geforderten Videos auf seiner Webseite veröffentlicht hatte und sich bereit erklärte, auch das restliche Material auszuhändigen.

In Deutschland betrachten viele Blogger das Internet immer noch als rechtsfreien Raum. Doch das Telemediengesetz (TMG) regelt seit März 2007 und das Teledienstgesetz (TDG) sogar schon seit 2002, wer für welchen Inhalt auf Internetseiten, in Blogs oder Foren verantwortlich ist. So muss in Deutschland auch ein privates Weblog – sofern mehr als das Familientagebuch auf der Internetseite steht – ein Impressum beinhalten, in dem der Name und die Anschrift (§6 S.1 Nr. 1 TDG) sowie eine unmittelbare Kontaktmöglichkeit (§6 S.2 Nr. 1 TDG) des Verantwortlichen stehen. Für den Inhalt, also die Informationen, die auf der Seite veröffentlicht werden, ist der Provider verantwortlich (§7 Abs.1 TMG). Wenn die Einträge von einer dritten Person stammen, etwa einem Nutzer, der den Weblogeintrag kommentiert, ist der Provider nicht verantwortlich, solange er den Inhalt nicht kennt (§10 Satz 1 Var.1 TMG). Wird der Provider bzw. der Blogger auf eine Rechtsverletzung durch Kommentare etc. hingewiesen, muss er diese so schnell wie möglich löschen (§10 S.1 Nr.2 TMG). Für Aufsehen sorgte in Deutschland das so genannte „Heise-Urteil"[4], welches den Heise-Verlag dazu aufforderte, Einträge seines Internetforums zu löschen, die den Boykott einer anderen Internetseite unterstützten. Sowohl das Landgericht als auch in zweiter Instanz das Oberlandesgericht Hamburg forderten, dass der Verlag zukünftig sicherstellen sollte, dass rechtswidrige Foreninhalte gar nicht erst veröffentlicht würden: „Allein die Tatsache, dass die Antragsgegnerin eine große Anzahl von Internetforen mit rund 200.000 monatlichen Einträgen von Nutzern betreibe, deren Überwachung erheblichen zusätzlichen Personalaufwand erfordere, entlaste die Antragsgegnerin nicht" (OLG Hamburg, Urt. v. 22.08.2006 – Az.: 7 U 50/06, Abs. 2).

Die Grenzen des Bloggens

Eines der Probleme für Blogs und Blogger ist der freie Zugriff Außenstehender auf Blog-Inhalte und die bisweilen ungefilterten starken Gefühle und Worte, die darin zum Ausdruck gebracht werden. Es gibt Blogger, die sich gegenseitig mit Schmutz bewerfen, ohne dass sie ihre harsche

---

4 Online unter http://www.jurpc.de/rechtspr/20060098.htm

Kritik durch Tatsachen stützen könnten. Die Anschuldigungen können immer vehementer werden und an Verleumdung grenzen. Die unzensierte Blogosphäre kann zwar faszinierend sein, allerdings auch komplett aus dem Ruder laufen.

Dieser Online-Laienjournalismus weckt zudem Bedenken hinsichtlich Glaubwürdigkeit, Zuverlässigkeit, Genauigkeit und Vertrauenswürdigkeit von Online-Nachrichteninhalten, die von Einzelpersonen verfasst wurden, welche wenig oder gar keine Ausbildung in Berufsethik oder Berufsstandards haben und eventuell außerhalb eines Systems arbeiten, das professionelle Redaktionsrichtlinien und ein Überprüfen aller Fakten zwingend vorsieht. Es hat Fälle gegeben, wo Fehler im Online-Content aufgetreten sind, der von Laien verfasst wurde. Ein Beispiel ist die Online-Enzyklopädie *Wikipedia*, in der in einem Eintrag fälschlicherweise behauptet wurde, dass der erfahrene Journalist John Seigenthaler etwas mit den Attentaten auf Präsident John F. Kennedy und dessen Bruder zu tun gehabt habe.

Ein weiteres interessantes Beispiel ist im März 2007 aufgetaucht, als anonym ein Video mit dem Titel „Hillary 1984" auf der Website des Videoportals *YouTube* hochgeladen wurde. Die Person, die das Video gedreht und ins Netz gestellt hatte, wurde später als Philip de Vellis identifiziert, ein mit digitaler Technologie arbeitender Medienstratege, der zu einem früheren Zeitpunkt mit Senator Barack Obama, dem damaligen demokratischen Gegenkandidaten fürs Amt des US-Präsidenten, in Verbindung stand. Obamas Kampagnenzentrale leugnete jegliche Beteiligung an dem Video. Am 23. März 2007 war das „Hillary 1984"-Video bereits 2.390.041 Mal aufgerufen worden, was es zu einem der bis dato meistgesehenen *Youtube*-Videos überhaupt macht.

In Blogs erscheinen selten Berichte aus erster Hand. Im Normalfall findet man dort eher Meinungen und Kommentare als aktuelle Informationen. Anders sah die so genannte Blogosphäre in Deutschland während der vorgezogenen Bundestagswahlen im Herbst 2005 aus. Nach einer Studie der Diplomsozialwirtin Raphaela Ott[5] wurden 47 Prozent aller Einträge in Politi-kerblogs nicht kommentiert. Allerdings erlebten politi-

---

5   Ott, Raphaela (2006): „Weblogs als Medium politischer Kommunikation im Bundestagswahlkamp 2005". In: Holtz-Bacha, Christina [Hrsg:] Die Massenmedien im Wahlkampf – Die Bundestagswahl 2005. Wiesbaden: VS Verlag

sche Weblogs während des zweimonatigen Wahlkampfes zwischen dem 21. Juli und dem 18. September 2005 eine bisher unbekannte Belebung: Von den 103 untersuchten Politiker-Blogs entstanden 42,7 Prozent erst nach der Ankündigung der Neuwahlen. Die meisten Politiker nutzten dazu spezielle Plattformen, wie wahl.de oder Politikerscreen, während vor allem SPD-Abgeordnete (42,5 Prozent) auf eigenen Internetauftritten bloggten. Allerdings war das Echo der Wähler auf diesen Plattformen gering, bei Anbietern wie AOL oder Focus war die Beteiligung dagegen hoch. Das Blog „Von Herzen links" der SPD-Politikerin Andrea Nahles erhielt nach einer Untersuchung der Medienbeobachtungsagentur „Ausschnitt"[6] mehr als 60 Kommentare pro Eintrag. Auch in Deutschland gehören Blogs mittlerweile zum Politikeralltag. Bundeskanzlerin Angela Merkel unterhält ein Video-Podcast auf *bundeskanzlerin.de*. US-Präsident Barack Obama hat 2008 im Wahlkampf gezeigt, dass noch viel mehr geht: Zu seinem „Internet-Wahlkampf" gehörte beispielsweise seine Seite im Social Network *Facebook* mit über 1,6 Millionen „Freunden", und auf *YouTube* wurden über 1200 Videos mit Wahlkampfreden, -werbespots und -songs veröffentlicht.[7]

Zusammenfassung

Einige Experten sehen in der steigenden Zahl der Blogs eine neue Form des Graswurzel-Journalismus, also einer Gegenöffentlichkeit zu den etablierten Medien. Doch was den Blogs fehlt, ist die Glaubwürdigkeit, Zuverlässigkeit und Seriosität des klassischen Journalismus. Originär selbst recherchierter Inhalt wird selten bereit gestellt. Oft werden in den Blogs vor allem Emotionen und Meinungen zum Ausdruck gebracht, vielfach ist die Zielsetzung eines Blogs auch rein privater Art. Seit der Einführung des Telemediengesetzes im Jahr 2007, das besagt, dass auch private Weblogs ein Impressum haben müssen, damit der Verfasser der Inhalte zu erkennen ist, ist zumindest die Rückverfolgung der Blog-Autoren möglich. Wenn einige Teile der Blogosphäre das Ziel eines al-

---

6   www.ausschnitt.de
7   http://www.blogpiloten.de/2008/10/01/us-wahl-2008-barack-obama-im-web-linkliste/

ternativen Journalismus verfolgen, so müssen sie Qualitätsmerkmale für einen Weblog-Journalismus zu entwickeln, damit ihre Texte in Zukunft nicht nur interessante Rechercheanstöße bieten, sondern auch glaubwürdige Quellen sein können.

Weiterführende Literatur

Bucher, Hans-Jürgen/Büffel, Steffen (2005): Vom Gatekeeper-Journalismus zum Netzwerk-Journalismus. Weblogs als Beispiel journalistischen Wandels unter den Bedingungen globaler Medienkommunikation. In: Behmer, Markus/Blöbaum, Bernd/Scholl, Armin/ Stöber, Rudolf (Hrsg.): Journalismus und Wandel. Analysedimensionen, Konzepte, Fallstudien. Wiesbaden: VS Verlag, S. 85-121.
Diemand, Vanessa/Mangold, Michael/Weibel, Peter (Hrsg.) (2007): Weblogs, Podcasting und Videojournalismus – Neue Medien zwischen demokratischen und ökonomischen Potenzialen. Hannover: Heinz Heise Verlag.
Neuberger, Christoph/Nuernbergk, Christian/Rischke, Melanie (2007): Weblogs und Journalismus: Konkurrenz, Ergänzung oder Integration? Eine Forschungssynopse zum Wandel der Öffentlichkeit im Internet. In: Media Perspektiven. H. 2, S. 96-112. (Online-Dokument im Netz unter: http://www.media-perspektiven.de/uploads/tx_mppublications/02-2007_Neuberger.pdf)
Neuberger, Christoph/Nuernbergk, Christian/Rischke, Melanie (2009): Eine Frage des Blickwinkels? Die Fremd- und Selbstdarstellungen von Bloggern und Journalisten im öffentlichen Metadiskurs. In: Neuberger, Christoph/Nuernbergk, Christian/Rischke, Melanie (Hrsg.): Journalismus im Internet: Profession-Partizipation-Technisierung. Wiesbaden: VS: Verlag für Sozialwissenschaften, S. 129-168.
Schmidt, Jan (2006): Weblogs: Eine kommunikationssoziologische Studie. Konstanz: UVK.
Schmidt, Jan (2008): Was ist neu am Social Web? Soziologische und kommunikationswissenschaftliche Grundlagen. In: Zerfaß, Ansgar/Welker, Martin/Schmidt, Jan (Hrsg.): Kommunikation, Partizipation und Wirkungen im Social Web. Grundlagen und Methoden: Von der Gesellschaft zum Individuum. Köln: von Halem Verlag, S. 18-40.
Schmidt, Jan/Martin Fisch/Beate Frees (2009): Themenscan im Web 2.0. Neue Öffentlichkeiten in Weblogs und Social-News-Plattformen. In: Media-Perspektiven, Nr. 2, 2009, S. 50-59. Online verfügbar: http://www.media-perspektiven.de/uploads/tx_mppublications/02-2009_Schmidt.pdf
Turnheim, Fred (Hrsg.) (2007): Breaking News im Web 2.0: Wozu wir Journalisten brauchen. Wien: Molden.

Kapitel 5: Innovative Darstellungsformen I:
Mehrwert statt Spielerei: Schöne neue Videowelt
Komplementäre multimediale Erzählstrategien im Internet
Sichtweisen der Praxis (Jens Radü)

Gerd Fußmann, Montasser al-Saidi und Barack Obama – diese drei Menschen sind sich nie begegnet und haben nichts miteinander zu tun. Doch aus journalistischer Perspektive verbindet sie dennoch etwas: Die Berichte über sie sind zu Lehrbeispielen für die Möglichkeiten des multimedialen Erzählens im Internet geworden. Der Plasmaphysiker Gerd Fußmann nämlich experimentiert in seinem Berliner Labor mit Wasser und Stromstößen – und erzeugt so Kugelblitze. Montasser al-Saidi wurde durch einen Schuh der Größe 44 berühmt. Er hatte ihn im Dezember 2008 bei einer Pressekonferenz in Bagdad auf den scheidenden US-Präsidenten George Bush geworfen – mit den Worten: „Das ist der Abschiedskuss, du Hund!" Und Barack Obama schließlich bescherte der Welt mit seinem Amtsantritt im Januar 2009 ein multimediales Medienereignis bisher ungekannten Ausmaßes.

Es sind drei Geschichten, die ihr Potential nur im Internet voll entfalten können: Denn die Hintergründigkeit der Zeitung, die Bildstärke des Fernsehens und die Unmittelbarkeit des Radios verschmelzen online zum multimedialen Informations- und Erlebnispaket. Natürlich wollen die Menschen nachlesen, was Obama in seiner Antrittsrede gesagt hat und was dahinter steckt. Natürlich wollen sie wissen, wogegen der Schuhwerfer protestierte und was für ein Mensch das ist. Und natürlich wollen sie verstehen, was so schwierig daran ist, einen Kugelblitz unter künstlichen Bedingungen im Labor zu erzeugen. Aber vor allem wollen sie Augenzeuge sein: Sie wollen sehen, wie Bush dem Schuh im letzten Moment ausweicht, sehen, wie Obama den Amtseid schwört und sehen, wie plötzlich eine Feuerkugel aus dem Wasserbehälter steigt und mit einem lauten Knall verpufft. Und natürlich wollen sie das nicht ein paar Wochen später in einer Sondersendung sehen – sondern wenn möglich sofort. Das Internet wird zum Schmelztiegel der bisherigen Medien: Dem Leser, respektive Zuschauer, bietet sich online – rund um die Uhr, „on demand" und ohne Einschaltzwang – eine unerschöpfliche Informationswelt zu ganz unterschiedlichen Themen. So konnten die User von SPIEGEL ONLINE nicht nur die Antrittsrede Barack Obamas live im Netz verfolgen, sie erlebten auch die Entstehung eines Kugelblitzes im Video und die Filmaufnahmen des Schuhwurfs auf Ex-Präsident Bush gehörten im Dezember zu den am meisten verschickten Videos des Monats.

Lernziele

↻ Wie lässt sich eine Geschichte am Besten multimedial erzählen?
↻ Was ist das Profil eines Multimedia-Redakteurs?
↻ Was sind die gängigen Multimedia-Elemente?
↻ Wie wird sich der Multimedia-Bereich in Zukunft entwickeln?

In der Internet-Welt der 1990er Jahre, die 80 Prozent der Deutschen (1997) noch per Modem erforschten, wäre diese Art des multimedialen Erzählens nicht möglich gewesen – kaum jemand hätte das gebündelte Angebot ohne quälend lange Ladezeiten nutzen können. Doch das hat sich inzwischen geändert: Mehr als 60 Prozent der Internet-Nutzer surfen über eine Breitbandverbindung, verschicken YouTube-Videos oder schauen die „Tagesschau" online statt im Fernsehen. Die Multimedia-Welle hat selbst die Lokalzeitungen der Republik erreicht. Ob Südkurier, Trierischer Volksfreund oder die Ostfriesischen Nachrichten – überall werden Redakteure zu Kameramännern und Videoreportern. Abgesehen von der oft holprigen Qualität vieler Video-Gehversuche auf den Internetportalen von Zeitungen und Zeitschriften ist diese neue Stufe der multimedialen Vielfalt eine große Chance für kreativen Online-Journalismus: Texte, Bilder, Grafiken und Videos werden im Netz zu Themenpaketen – und stoßen die Tür auf zu innovativen Darstellungsformen.

Schmelztiegel Internet

Bei SPIEGEL ONLINE arbeitet ein ressortübergreifendes Team bestehend aus Redakteuren, Cuttern, Kameraleuten und Producern daran, diese multimedialen Möglichkeiten auszuloten. Bereits 1999 wurde in der damals noch kleinen Redaktion mit Videos experimentiert. Wenig später abonnierte SPIEGEL ONLINE als erste deutsche Nachrichtenseite den Videodienst der Agentur Reuters, die seitdem täglich etwa zehn News-Videos liefert. Doch das Formate-Babylon dieser Zeit machte die Videonutzung für die User mitunter zur EDV-Herausforderung: Windows Media, Realplayer oder Quicktime, welche Version des Players ist auf dem Rechner installiert? Erst im Frühjahr 2006 vereinfachte die Flash-Technologie die Videonutzung auf der Seite: Seitdem fangen die Bilder auf einen Mausklick an zu laufen, der Nutzer muss keinen zusätzlichen Player herunterladen und die Videos können wie ein Foto in die Artikel auf der Seite eingebaut werden. Die Nutzer honorierten die Vereinheitlichung: Innerhalb weniger Monate stiegen die Abrufzahlen von 516.000 um das Doppelte und im November 2008 wurde die 13-Millionen-Marke durchbrochen.

Schneller wissen, was wichtig ist

Doch nicht nur technisch, sondern vor allem inhaltlich ging SPIEGEL ONLINE im Jahr 2006 in die Offensive: Im Februar gründete sich das Multimedia-Ressort, das seitdem Texte mit selbstproduzierten Video- und Audio-Inhalten verknüpft und die Kooperation mit der Verlagsschwester SPIEGEL TV koordiniert. Als die Fußball-WM im eigenen Land Deutschland ein Sommermärchen bescherte, waren die Videoreporter von SPIEGEL TV Tag und Nacht im Einsatz, berichteten von Fan-Feiern und skurrilen WM-Begegnungen in den Städten der schwarz-rot-goldenen Republik. Gleichzeitig wurden immer mehr Artikel auf SPIEGEL ONLINE mit einem eigens produzierten Video verknüpft: Ob die 100-Tages-Bilanz von Kanzlerin Merkel im Bewegtbild, faszinierende Animationen aus Raumfahrt und Wissenschaft oder ein Video-Special zum fünften Jahrestag der Anschläge vom 11. September – die Bandbreite multimedialer Angebote erweiterte sich rasant.

Anforderungen Multimedia-Redakteur

⊃ Multimedia-Redakteure arbeiten in der Regel ressortübergreifend – ob für Politik, Kultur oder Sport. Ihre Aufgabe ist es, bei jedem Thema die visuellen oder akustischen Aspekte zu suchen und umzusetzen. Dafür müssen sie vielseitig qualifiziert sein: Im besten Fall haben sie Erfahrungen in Online, Print, TV und Radio gesammelt, sind Videoreporter und Cutter in einem und haben Spaß daran, auch innerhalb kurzer Zeit, kreative Video- und Audio-Beiträge zu produzieren – schließlich hat ein Internet-Medium weder feste Sendezeiten noch Redaktionsschluss. Doch bei allen technischen Anforderungen sollten sie vor allem eins sein: gute Journalisten.

„Herzlich willkommen zu den SPIEGEL TV-Nachrichten", so begrüßte Moderatorin Miriam Pulcher am 6. September 2006 die SPIEGEL ONLINE-Nutzer schließlich zur ersten Ausgabe der Videonachrichten-Show. Seitdem ist der zweiminütige News-Überblick zu einem Aushängeschild der Seite geworden: Das Team in der Berliner SPIEGEL TV-Redaktion am Pariser Platz produziert täglich fünf aktualisierte Ausgaben mit den Nachrichtenbildern des Tages. Zusätzlich erstellen die TV-Redakteure Hintergrundbeiträge zu den verschiedensten Themen. Zu den mehr als 150 Reportage-, Nachrichten- und Hintergrundtexten kommen so täglich bis zu 50 Videos, die über SPIEGEL ONLINE laufen – ein großes Angebot für die 5,2 Millionen Unique Users pro Monat (2/2009).

Der Leitgedanke des Multimedia-Ressorts folgt dabei dem Anspruch der Seite: schneller wissen, was wichtig ist. Der Nutzer soll möglichst prompt aber auch hintergründig über die Nachrichten der Stunde informiert und außerdem auch unterhalten werden. Folglich stellt sich die Redaktion in der morgendlichen Konferenz bei jedem Thema die Fragen: Wie lässt sich die Geschichte am Besten erzählen? Spielen die Bilder eine große Rolle? Oder sind Geräusche entscheidend? Sollte der Text das Leitmedium sein? Oder ist es eher ein reines Video-Thema?

Das Konzept dahinter ist die Idee des multimedialen, komplementären Erzählens: Jedes Medium trägt seinen Teil dazu bei, damit aus einer Geschichte ein rundes Informationspaket wird. Denn wenn das Video die gleichen Inhalte vermittelt wie der Text und die Bildergalerie, kommt beim

Nutzer schnell Langeweile auf. Und so bedeutet Multimedia vor allem eine neue Herausforderung für koordinierendes Redaktions-Management.

Es sind verschiedene Welten mit eigenen Arbeitsabläufen und Logiken, deren Grenzen mit den Möglichkeiten des Online-Journalismus eingerissen werden. Einen Text zu schreiben, dafür Statements von Experten oder Politikern per Telefon einzuholen und den Artikel online zu stellen, geht mitunter schnell. Eine Audio-Slideshow aus Agentur-Bildern, Sprechertext und Interview-Sequenzen zu arrangieren, braucht hingegen mehr Zeit. Und einen Filmbeitrag zum selben Thema zu produzieren, dafür selbst zu drehen, zu texten, zu schneiden und schließlich ins erforderliche Format umzuwandeln, ist zeitlich ähnlich aufwändig, wie es sich liest: In der Regel vergehen mehrere Stunden, bis das fertige Video so auf der Seite abrufbar ist. Die vernetzte, medienübergreifende Planung ist damit der entscheidende Faktor. In der SPIEGEL-ONLINE-Redaktion kündigen alle Ressorts die relevanten Termine der kommenden Tage an, damit die Multimedia-Redakteure sowie die Kollegen von SPIEGEL TV früh reagieren und planen können. Lässt sich zu der Wirtschafts-Geschichte über die Abwrackprämie noch eine Videoreportage drehen? Oder eine interaktive Grafik, die zeigt, welche Hersteller besonders davon profitieren?

Beispiele für gängige Multimedia-Elemente

Audio-Slideshow: Die Verbindung von Fotos, Sprechertext, Interviewsequenzen und gegebenenfalls Musik. Die Bilder werden in der Regel animiert, das bedeutet, einzelne Motive auf dem Foto werden heran- oder herausgezoomt. Dazu erzählt der Sprecher die Geschichte und lässt dabei Betroffene, Experten o.ä. zu Wort kommen, manchmal untermalt mit Musik. Ein Sonderfall ist die O-Ton-Collage: Dabei wird auf einen Sprechertext verzichtet und es sind nur die Statements der Betroffenen oder Experten zu hören, was im besten Fall als besonders authentisch und eindrücklich empfunden wird. Die technische Umsetzung im Netz ist unterschiedlich: Oft kann der User per Mausklick die Abfolge der Bilder steuern und verschiedene Kapitel anwählen, in einigen Anwendungen läuft die Slideshow ab wie ein Video.

Wann und warum? Eine Audio-Slideshow ist immer dann die beste multimediale Aufbereitungsart, wenn starke Bilder und starke O-Töne zu einem Themenkomplex existieren. Da die Fotos in der Regel mehrere Sekunden lang zu sehen sind, entfalten sie eine große Wirkung. Der Sprechertext oder das Statement des Betroffenen ordnet sie in den entsprechenden Kontext ein und liefert die nötigen Hintergrundinformationen. Unüblich sind Audio-Slideshows bei Ereignissen, die von Bewegungen dominiert werden – es sei denn, gerade in der Entschleunigung liegt der Reiz.

Video: Ein journalistischer Filmbeitrag ist im Internet in der Regel kürzer als im Fernsehen (zwischen 30 Sekunden und 3 Minuten). Die Gestaltungsregeln sind jedoch ähnlich: Actiongeladene, spektakuläre Bilder von Demonstrationen, Natur- oder Sportereignissen sollten direkt am Anfang stehen, da der User – ähnlich wie mit der Fernbedienung vor dem Fernseher – schnell mit einem Tastendruck abschalten kann. Auch Kurz-Reportagen sind inzwischen verbreitet, in denen ein Journalist vor der Kamera agiert und die Geschichte vorantreibt.

Wann und warum? Ob Bayern-Manager Uli Hoeneß, der auf einer Pressekonferenz Fans beschimpft oder Mini-Roboter, die klein wie Insekten durch das Labor fliegen – ein Video vermittelt mehr als die bloße Nachricht. Es wirkt für den User oft als visueller Beweis, da es – im besten Fall – unverfälscht zeigt, was passiert ist. Bewegungen, Aktionen und sichtbare Entwicklungen sind das Metier der Video-Berichterstattung.

Interaktive Grafik: Ein Schaubild (Karten, erklärende Zeichnungen o.ä.), das vom User gesteuert werden kann: Per Mausklick erscheinen Texte oder Animationen, die weitere Informationen liefern. So kann die interaktive Grafik alle Medien in sich vereinen und zur übersichtlichen Bedien-Oberfläche werden.

Wann und warum? Die Übersicht einer Formel-1-Rennstrecke sagt Laien als bloßes Bild wenig, ebenso wie eine Luftaufnahme von Google-Earth – erst erläuternde Texte oder Kommentare, die punktgenau abgerufen werden können, bringen echten Mehrwert und machen die interaktive Grafik zum klassischen Erklär-Medium.

Ein Tag im Strom der Bilder

8 Uhr, SPIEGEL-ONLINE-Redaktion, Hamburg: Im Wissenschaftsressort bereiten die Kollegen einen Artikel über eine neue Studie zu Taser-Waffen vor. Die Elektroschock-Pistolen sind nach umfänglichen Tests für überwiegend gefahrlos erklärt. Aber was genau passiert, wenn ein Mensch vom Taser getroffen wird? Und ist der Studie zu trauen? In der Berliner SPIEGEL TV-Redaktion sichtet eine Redakteurin zur gleichen Zeit Video-Material einer US-Firma, die Taser herstellt. Im ersten Telefongespräch stimmen sich die Kollegen ab: In welche Richtung geht der Text, was kann das Video leisten? Während der Textredakteur in Hamburg die Taser-Geschichte auf der Themenkonferenz vorstellt, lädt der Cutter im Schnitt bereits das Videomaterial der Firma ein. Um 13 Uhr sollen Text und Video online gehen.

11 Uhr, Multimedia-Ressort, Hamburg: SPIEGEL-ONLINE-Redakteur Sascha Klettke brütet vor dem Computerbildschirm, umgeben von Papierstapeln und Sendebändern: Die Produktion von „Neu im Kino", dem wöchentlichen Video-Überblick aller Kinofilmstarts steht an. Morgen soll die Sendung online gehen. Kurze und witzige Inhaltsangaben, die Rezensionen des SPIEGEL-ONLINE-Kulturressorts und viele freistehende Filmszenen haben das Format zum Nutzer-Liebling gemacht: Bis zu 50.000 Abrufe werden für jede Folge verzeichnet. Doch noch steht nicht einmal das Text-Gerüst für die aktuelle Ausgabe: Klettke sichtet gerade das Material zu „Frost/Nixon", dem Oscar-nominierten Film von Ron Howard – nur einer von insgesamt zwölf Neustarts in dieser Woche.

12.30 Uhr, SPIEGEL-TV-Redaktion, Berlin: Der Videobeitrag zur neuen Taser-Studie ist fertig geschnitten. Die Redakteurin konnte noch Archivmaterial einarbeiten, auf dem zu sehen ist, wie ein Taser bei einem Einsatz der Berliner Polizei gründlich versagte. Und auch im Artikel des Text-Kollegen äußern Experten Zweifel an der Elektroschocker-Technologie. Unter der Zeile „Tausendmal getasert – drei im Krankenhaus" erscheint das multimediale Themen-Paket schließlich auf der SPIEGEL-ONLINE-Homepage – zur besten Online-Sendezeit.

14 Uhr, SPIEGEL-TV-Redaktion, Berlin: Merkel in Paris, ein Anschlag in Bagdad, der Nachlass von Yves Saint Laurent wird versteigert – der Chef vom Dienst geht noch einmal die Meldungen durch, gleich wird die Nachmittags-Ausgabe der SPIEGEL TV-Kurznachrichten im Schnittraum produziert. Währenddessen sitzt Sascha Klettke in Hamburg vor dem Mikrofon: „Es war ein Interview, das in die Geschichte eingehen sollte", sagt er und der Schnittcomputer zeichnet die bizarren Zacken und Wellen des Sprachsignals auf. Der Text für „Neu im Kino" steht, nun warten über zwölf Stunden Filmmaterial auf den Feinschnitt. Zur selben Zeit geht ein multimediales Special zur Arktis auf die SPIEGEL-ONLINE-Homepage. Darin kann der User auf einer interaktiven Karte nachvollziehen, warum sich Russland, Kanada, die USA, Dänemark und Norwegen so sehr um das ewige Weiß im Norden streiten: Auf Knopfdruck erscheinen die Bodenschätze – Gold, Öl und Gas – und auch das Verbreitungsgebiet der Eisbären wird angezeigt. Im folgenden Video hat SPIEGEL-Redakteur Gerald Traufetter Polarforscher besucht, die die große Eisschmelze und den Rückgang der arktischen Gletscher vermessen. Und die beeindruckendsten Fotos der Eiswelt können sich die User im letzten Teil noch als Slideshow ansehen. Solche multimedialen Highlights sind keine Eintagsfliege: Noch nach Monaten werden sie von den Usern intensiv genutzt und immer wieder in aktuelle Artikel zum Thema eingebaut.

16.30 Uhr, Hamburg: „Wie kommt die Ordnung in die Kunst? Da werden außerästhetische und letztlich sittliche Ordnungskriterien vorgeschlagen, im Moment sehe ich allerdings nur kommerzielle", sagt Matthias Matussek, SPIEGEL-Autor und Deutschlands bekanntester Journalisten-Videoblogger in die Kamera. Seit mehr als zwei Jahren kommentiert er Woche für Woche auf SPIEGEL ONLINE den Kulturbetrieb, mit beißendem Spott, mit Leidenschaft und viel Selbstironie. Nicht alle mögen diese Art des Feuilleton-Journalismus. Wie etwa „Kleine Schwester", die im Forum zum Blog klagt: „Diese Traurigkeit, die einen überfällt, wenn man etwas richtig schlechtes sieht, das es eigentlich gar nicht geben sollte...". Andere jedoch unterbreiten Matussek Heiratsanträge und feuern ihn an: „Weiter so, verdammt noch mal!", schreibt etwa der User „g-punktkewes".
Ob als Hollywood-Regisseur, Hitler oder Ackermann-Karikatur: Matussek schlüpft für den Videoblog in die verschiedensten Rollen, hat überall

seine kleine Kamera dabei, mit der er Interviews und Spielszenen aufnimmt und schreckt selbst vor der Niels-Ruf-Show nicht zurück. 2008 gab es dafür den „Goldenen Prometheus".

Was macht einen Videoblog aus?

Toni Mahoni ist einer. Ex-68er-Kommunarde Rainer Langhans ist einer. Und der Journalist Harald Martenstein ist auch einer. Videoblogger erzählen ihren Zuschauern Folge für Folge, was sie oder die Nation bewegt, sind dabei ernst, lustig oder absurd. Ein Videoblog ist ein regelmäßiges Videoformat im Internet, das vor allem von der Persönlichkeit des Videobloggers lebt. Die Regeln für ein gutes Videoblog sind dabei ähnlich wie bei einem Text-Blog. Der britische Kult-Autor Neil Gaiman, der seit Jahren täglich neue Beiträge online stellt, sagt: „Je persönlicher, desto besser" und betont, dass vor allem Regelmäßigkeit zählt. Schließlich schläft wenig schneller ein als ein Blog, in dem nichts passiert. Die technischen Voraussetzungen sind für Einsteiger gering: Da in der Regel nur der Videoblogger selbst in einer festen Einstellung gefilmt wird, reicht eine einfache Videokamera samt Stativ und externem Mikrofon sowie simple Schnittsoftware. Was mehr zählt, ist die Idee: Womit soll sich das Videoblog befassen? Und warum sollten die User gerade dieses Blog ansurfen?

18.30 Uhr, Multimedia-Ressort, Hamburg: Während Multimedia-Redakteur Sascha Klettke der morgigen „Neu im Kino"-Folge den Feinschliff verpasst, stellen die SPIEGEL TV-Kollegen in Berlin einen Beitrag über die Finanzkrise ins Netz, zusammen mit der Text-Reportage des SPIEGEL ONLINE-Autors. Analytische Kost für den Feierabend. Doch gegen den Karneval in Rio wird das finanzpolitische Multimedia-Bündel wohl nicht mehr ankommen: Noch vor dem Taser und den Nachrichten besetzt ein Videobeitrag über die diesjährige Kostümmode in Brasilien die Spitze der Abruf-Statistik des Tages: Mehr als 80.000 Mal ist der Kurzfilm geklickt worden.

21 Uhr, SPIEGEL TV-Redaktion, Berlin: Die Nacht-Ausgabe der Videonachrichten ist im Schnitt, viel hat sich nicht mehr getan. Der CvD scannt noch einmal die Agentur-Meldungen. Zur gleichen Zeit fährt Sascha Klettke in Hamburg den Computer runter. „Neu im Kino" ist produziert und geht morgen früh online, Ron Howards „Frost/Nixon" wird nicht nur

der Aufmacher, sondern auch der Tipp der Woche sein. „Neu im Kino" wird morgen früh schließlich auch das Karnevalsvideo ablösen, das noch immer 3.000 Mal pro Stunde abgerufen wird.

Was wollen die User?

Die brasilianischen Kostüme sind kein Einzelfall. Der Schauwert von Karnevals-Samba ist eben größer als der von Frank-Walter Steinmeier. Und gut gemachte Geschichten über Leute und Entertainment gehören neben Nachrichten und Hintergrundartikeln aus Politik, Wirtschaft und Kultur schließlich zu den Grundzutaten von SPIEGEL ONLINE und funktionieren oft als mentale Verschnaufpausen. Schwieriger wird es, thematisches Schwarzbrot zu verkaufen: Vorfahrende Limousinen, Köpfe und Händeschütteln lassen die User kalt. Was schon in der „Tagesschau" zum Umschalten animiert, wird in der „on demand"-Welt des Internets gar nicht erst abgerufen. Stattdessen sind bildstarke Geschichten und Einfallsreichtum in den Darstellungsformen Trumpf: Die ersten Aufnahmen eines Riesenkalmars? Ein täglicher Videoblog von der Buchmesse, bei dem der Reporter auch mal ins Kinderbuch beißt und gedopte Autoren sucht? Ein Vulkanausbruch im Roten Meer? Garantierte Abrufrekorde. Aber auch die witzige Reportage vom politischen Aschermittwoch oder ein Lamborghini-Gallardo im Video-Alltagstest zeigen, was online funktioniert – nicht die klassische Einheitslösung, sondern der neue, innovative Themenansatz.

Von den Anfängen der Netz-Videos, die vor allem als massenverschickte Amüsement-Häppchen in den Büros der Republik umhergeisterten, ist das Multimedia-Angebot vieler Nachrichtenseiten inzwischen weit entfernt. International maßgeblich sind etwa die Angebote der New York Times. Im Laufe der vergangenen Jahre haben sich allmählich Standards ausgebildet, die über die bloße Kopie von Fernsehbeiträgen hinausgehen. Vorherrschend sind kurze Formate, oft nur zwei Minuten lang. Schließlich steht das Video im Idealfall nicht für sich allein, sondern ist eingebettet in den Artikel-Kontext und muss die Geschichte nicht komplett erzählen. Sendeschemata spielen keine Rolle, der User wird selbst zum Programmdirektor und beschließt, welche Beiträge er in welcher Reihenfolge anschauen möchte. Eine kleine Revolution am Bildschirm, die im IP-TV der Zukunft schon die nächste Stufe erreicht hat: Marktforscher schätzen, dass 2010 bereits zwölf Prozent aller Zuschauer ihren Fernseher vollends gegen den Computer eingetauscht haben werden.

IPTV & Triple Play

IPTV steht für „Internet Protocol Television", also die breitbandige Übertragung digitaler Inhalte (TV-Sendungen, Filme usw.) über das Internet. Bisher nutzen in Deutschland nur etwa 500.000 Haushalte den Hochgeschwindigkeits-Zugang zur TV- und Filmwelt. Anbieter sind in der Regel Telekommunikationsunternehmen, die darüber hinaus große Hoffnungen in sogenannte „Triple Play"-Pakete setzen – also die Bündelung von TV, Telefon und Internetzugang.

Der Computer im Wohnzimmer

Ob die Triple-Play-Angebote der Telekommunikationsunternehmen oder Kabelnetzbetreiber das Rennen machen werden, ist heute noch nicht abzusehen. Noch bleiben die Nutzerzahlen trotz exklusiver Fußballverträge oder Spielfilmbündel hinter den Erwartungen zurück. Die Gründe sind vielfältig: Bezahlangebote haben es im traditionellen „for free"-Medium Internet schwer und auch die Hardware-Entwickler haben wenige schlüssige Konzepte, TV und Computer miteinander zu verschmelzen.

Auch für die Journalismusforschung eröffnen die Multimedia-Angebote im Netz eine Fülle von Fragen: Wie konsumieren User Nachrichtenvideos im Internet? Im Büro? Mit Kopfhörer? Und leidet darunter das Textangebot? Die Bandbreite reicht von solchen eher simplen Untersuchungen zur Video-Nutzung bis hin zu komplexen Studien über die Wirtschaftlichkeit der Multimedia-Anwendungen und die theoretische Untermauerung des komplementären Erzählens. Schließlich tut sich mit den technischen Möglichkeiten im Web eine neue Welt der journalistischen Chancen auf, die das Zeug dazu hat, bestehende Kategorien, Ressorts und Genres auf den Kopf zu stellen.

Durchsetzen werden sich solche innovativen Konzept jedoch nur, wenn die Basis unverändert das bleibt, was Seiten wie SPIEGEL ONLINE prägt: guter Journalismus.

Zusammenfassung

Audio-Slideshows, interaktive Grafiken und Videos – mittlerweile bieten fast alle Redaktionen von Print und elektronischen Medien auf ihren Websites Multimedia-Elemente an und reagieren so auf ein verändertes Mediennutzungsverhalten: „on demand" statt Einschaltzwang und Dauerberieselung. Der Erfolg der Multimedia-Pioniere im Netz gibt solchen Angeboten Recht – schon sagen Studien etwa die völlige Verschmelzung von TV und Computer voraus. Doch nicht nur die journalistischen Erzählstrategien, sondern auch die Job-Anforderungen wandeln sich damit grundlegend: Vom monomedial geprägten Denk- und Arbeitsprozess hin zu einer crossmedialen Teamarbeit, in der Text, Grafik, Video und Töne zu Multimedia-Paketen verschmelzen. Was neue Herausforderungen für koordinierendes Redaktions-Management bedeutet, ist gleichzeitig eine große Chance für Journalisten, die Spaß haben an der kreativen Umsetzung von Themen – befreit von jedem Medienzwang.

Weiterführende Literatur

Jakubetz, Christian (2008): Crossmedia. Konstanz: UVK.
Kolodzy, Janet (2006): Convergence Journalism. Writing and Reporting across the News Media. Maryland: Rowman & Littlefield Publishers.
Kretzschmar, Sonja (2008): Crossmedialer Journalismus. In: Hausmann, Lothar/Kretzschmar, Sonja/Opitz, Stefanie/Röper, Horst (Hrsg.): „Wir müssen mehr experimentieren." Journalistenausbildung zwischen Wissenschaft und Praxis. Dortmund: QuaMedia, S. 108-121.
Meier, Klaus (Hrsg.) (2002): Internet-Journalismus: Ein Leitfaden für ein neues Medium. 3. Auflage, Konstanz: UVK.
Quinn, Stephen (2005): Convergent Journalism. The Fundamentals of Multimedia Reporting. New York: Peter Lang.
Quinn, Stephen (2006): Conversations on Convergence. Insiders' views on news production in the 21st century. New York: Peter Lang.
Quinn, Stephen/Filak, Vincent F. (eds.) (2005): Convergent Journalism: An Introduction. Burlington/Oxford: Focal Press.
Rau, Harald (Hrsg.) (2007): Zur Zukunft des Journalismus. Frankfurt am Main: Peter Lang - Europäischer Verlag der Wissenschaften.
The Missouri Group (2004): Telling the Story. The Convergence of Print, Broadcast and Online Media. Boston: Bedford/St. Martin's.
Wilkinson, Jeffrey S. /Grant, August E./Fisher, Douglas J. (2009): Principles of Convergent Journalism. Oxford, New York u.a.: Oxford University Press.

# Kapitel 6: Innovative Darstellungsformen II: Neue Visualierungsmöglichkeiten und 3-D-Journalismus
Perspektiven der Forschung (John Pavlik)

Als König George III. 1794 eine Ausstellung in London besichtigte, war er sprachlos. Was er sah, waren nicht etwa fossile Skelette oder alte Meister in Öl, sondern für die damalige Zeit „moderne Kunst", denn der König sah eines der ersten Panoramabilder der Welt. Gemeinsam mit seiner Gemahlin Königin Charlotte betrachtete George das detailgenaue 360-Grad-Gemälde einer Schiffsflotte, die in der Nähe der Isle of Wight vor Anker lag. Das Abbild der Wirklichkeit war so real, dass die Königin leicht seekrank wurde, weswegen das Werk bei einer späteren Ausstellung in Hamburg wohl den Namen „Nausorama" bekam. Ein ähnliches Bild, John Vanderlyns Panoramadarstellung der Versailler Gärten, befindet sich heute im Metropolitan Museum of Art in New York.

Zwei Jahrhunderte später wurden auch digitale Bilder dreidimensional: Das erste digitale Panoramabild konnten Fans der Serie Star-Trek auf einer CD-Rom erleben, die ihnen einen Rundgang durch die Räume des Raumschiffs Enterprise ermöglichte. Denn in den 90er Jahren begannen Wissenschaftler mit der Entwicklung fotografischer und videografischer 360-Grad-Bildproduktionssysteme.

1996 wurden die ersten kommerziellen Systeme eingeführt. *Omniview* hatte ein Produkt mit dem Namen *PhotoBubbles* im Angebot, die als „sphärische Fotografien" beschrieben wurden. Laut *Omniview* „halten *PhotoBubbles* die gesamten optischen Eigenschaften von jedem beliebigen Ort in fesselnden 180- oder 360-Grad-Darstellungen fest, die zur Ansicht auf einem Computer- oder Fernsehbildschirm reproduziert werden können". Mehrere Nachrichtenorganisationen, einschließlich der *New York Times* und *CNN*, verwendeten *PhotoBubbles*. Ein anderer Hersteller beschrieb sein Produkt als „Surround Video".

Das omnidirektionale Video stellte eine absolute Neuheit dar, die sich deutlich von der Technik der Gebrüder Lumière ein Jahrhundert zuvor absetzte. *PhotoBubbles* laufen 2008 unter dem Namen IPIX. Der Hersteller beschreibt sie als „interaktive Fototechnik, mit der der Anwender in ein digitales 360-Grad-Bild versetzt wird, das jede beliebige fotografierbare Umgebung darstellen kann. Der Anwender kann über eine Maus- oder Tastatureingabe jede beliebige Richtung der interaktiven Fotografie ansteuern und die einzelnen Teile des Bildes vergrößern oder eingehend untersuchen" (www.ipix.com).

Lernziele

- Wie können High-Tech-Innovationen im Journalismus angewandt werden?
- Welche Neuerungen vereinfachen die Recherche und Aufbereitung von Daten und Fakten?
- Welche möglichen negativen Folgen haben die Innovationen für den traditionellen Journalismus?

Praktische Anwendung im Journalismus

Bei der omnidirektionalen Bildproduktion treten allerdings mehrere Probleme auf, sodass sie nur bedingt von Nachrichtenmedien eingesetzt werden kann. Problematisch sind erstens der dafür notwendige Paradigmenwechsel bei der Nachrichtenfotografie und -videografie sowie – noch – Einschränkungen in der Übertragungsgeschwindigkeit, wodurch Bilder nur langsam heruntergeladen werden können. Zweitens kommt es zu Komplikationen bei der Installation der Erweiterungen (Plug-ins), mit denen die Bilder angezeigt werden können. Drittens eigneten sich die frühen omnidirektionalen Aufnahmegeräte nicht für die Berichterstattung. Stattdessen lieferten die Nachrichtenmedien interessante 360-Grad-Ansichten von Ereignissen, oftmals für Reportagen. Doch selten erzählten die Bilder eine Geschichte, sie waren eher eine nette Beigabe für einen Textbericht. Hinzu kommt, dass es weitaus komplizierter ist, ein gutes omnidirektionales Bild aufzunehmen als ein Standbild. Auch bildeten sich Richtlinien für den Umgang mit omnidirektionaler Berichterstattung erst in letzter Zeit heraus.

Die Integration von objektorientierten Videoaufnahmen, auch „Hot Spots" genannt, hat die Berichterstattung mit omnidirektionaler Bildproduktion vorangetrieben, wie auch die Möglichkeit, diesen omnidirektionalen Standbildern Audiospuren hinzuzufügen. Ein Reporter kann somit für ein Bild Fakten und Kontext in einem Audiobericht mit Umgebungsgeräuschen hinzufügen, während er ein Java-Applet verwendet, um automatisch durch die 360-Grad-Ansicht zu schwenken, zu kippen oder zu zoomen. So könnte also ein Reporter anhand eines einzigen 360-Grad-Standbilds eine Geschichte erzählen und ein dynamisches, sich bewegendes Bild erstellen – und dabei gleichzeitig die Bandbreite und die Bearbeitungsleistung für einen hoch auflösenden Videobericht auf ein Minimum reduzieren.

Die Ermordung Kennedys: Ein Anwendungsbeispiel

Stellen Sie sich vor, was mit Hilfe der omnidirektionalen Bildproduktion nach der Ermordung des US-amerikanischen Präsidenten John F. Kennedy im Jahre 1963 in Dallas alles möglich gewesen wäre! Abraham Zapruder, ein Einwohner der Stadt, filmte die Ermordung des Präsidenten auf 8mm-Film. Stellen Sie sich vor, er hätte eine 360-Grad-Videokamera von heute in den Händen gehalten anstelle einer Bell and Howell-Kamera mit einem 8mm-Film und einem engen Blickfeld, mit der er nur die Autokolonne und das Kugelgewitter, in dem Kennedy getötet wurde, aufnehmen konnte. Die Welt hätte nicht nur die Schüsse sehen können, die Kennedy töteten, sondern auch den gesamten Ort des Geschehens. Die Zuschauer hätten durch die ganze Szene schwenken und das School Book Depository-Gebäude sehen können, in dem Lee Harvey Oswald, der mutmaßliche Mörder Kennedys, die tödlichen Schüsse von einem Fenster im 6. Stock aus abgab, wie dies laut Warren-Report[1] der Fall war. Die Zuschauer hätten die ganze Route der Autokolonne Kennedys nachverfolgen können.

---

1 Das ist der Abschlussbericht der Warren-Kommission, die die Ermordung Kennedys untersuchte.

Perspektiven der Forschung (John Pavlik) 73

Betrachten Sie das ParaShot-Bild des Dealey Plaza in Abbildung 1. Dieses Panoramabild stellt die Ansicht dar, die Zapruder 1963 hätte aufnehmen können. Die Abbildungen 2-5 stellen vier Ansichten der Dealey Plaza dar. Darunter befinden sich auch die Ansichten einer Strecke der Autokolonne – von woher sie kam (Abbildung 4) und wohin sie fuhr (Abbildung 5). Außerdem ist das *School Book Depository*-Gebäude (Abbildung 2) zu erkennen, in dem sich Oswald im 6. Stock versteckt hielt, sowie der so genannte *Grassy Knoll* (Grashügel) (Abbildung 3). Journalisten, Ermittler und die Nutzer hätten die Szene heranzoomen und überprüfen können, ob Oswald tatsächlich im Fenster des 6. Stockwerks zu sehen war. Einigen Verschwörungstheorien zufolge hätte es einen zweiten Schützen geben können, der vom Grashügel aus den tödlichen Schuss auf Kennedy hätte abgeben können. Mit einem 360-Grad-Bild oder -Video hätten die damaligen Ermittler überprüfen können, ob sich tatsächlich ein zweiter Schütze auf dem Grashügel befand oder nicht.

Abbildung 1:

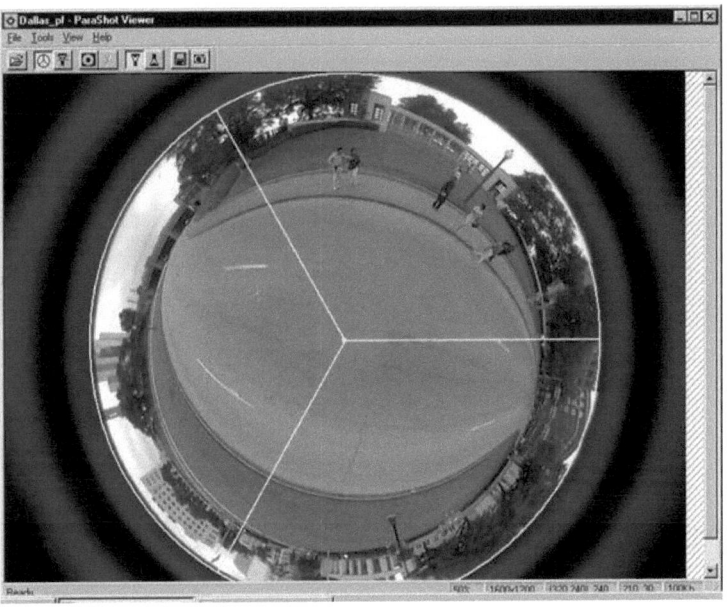

74 Kapitel 6: Innovative Darstellungsformen II: Neue Visualisierungsmöglichkeiten

Abbildung 2:

Abbildung 3:

Abbildung 4:

Abbildung 5:

Alle Abbildungen mit freundlicher Genehmigung von Prof. Shree Nayar.

Durch eingebettete digitale Objekte oder „Hot Spots" (diese sind mit einem Symbol im Bild markiert) kann ein Reporter eine ganze Geschichte interaktiv erzählen. Für jedes der interessanten Objekte im Video, wie z. B. der Stelle, an der Kennedy erschossen wurde, dem Grashügel und dem Fenster im 6. Stockwerk des *School Book Depository*-Gebäudes, könnte ein eingebetteter „Hot Spot" verwendet werden, mithilfe dessen man mit einem Mausklick eine Nahaufnahme von wichtigen Ausschnitten der Mordszene anzeigen könnte. Ein Reporter könnte eine interaktive Tour oder einen interaktiven Nachrichtenbericht über die Geschehnisse und die kontroversen Punkte einbinden. Über Links zu verwandten Websites könnten zusätzliche Informationen verfügbar gemacht werden.

360-Grad-Bilder, sowohl als Stand- als auch als Bewegtbilder, können effektiv eingesetzt werden, um das Interesse einer Online-Leserschaft zu gewinnen und in Nachrichtenartikeln den oftmals dringend benötigten Kontext zu vermitteln. Sind diese 360-Grad-Videoberichte eine bessere Form des Journalismus? Tragen sie dazu bei, die Ereignisse in einen umfassenderen Kontext zu stellen? Dies sind die Fragen, die sich Journalisten und Nachrichtenleser zu allen neuen Formen der Berichterstattung stellen sollten, die beim Online-Journalismus eingesetzt werden.

Situated Documentaries

In Zusammenarbeit mit dem Informatikprofessor Steve Feiner hat der Autor dieses Kapitels eine neue Form des digitalen Dokumentationsfilms entwickelt, der als „Situated Documentary" bezeichnet wird.[2] In interdisziplinärer Zusammenarbeit hat das Forschungsteam die MARS-Technologie (Mobile Augmented Reality Systems) auf den Journalismus übertragen. Diese angepasste Version wird als MJW (Mobile Journalism Workstation) bezeichnet. Mit ihr können mobile Journalisten Audio- und Video-Beiträge, darunter auch 360-Grad-Videos, von jedem beliebigen Standort aus aufnehmen. Außerdem können mit dem System Multimedia-Präsentationen erstellt, kommentiert und angezeigt werden, die praktisch in die reelle Welt,

---

2   Der Name hat sich aus dem Umstand entwickelt, dass diese Dokumentationen an den Orten angesiedelt sind, wo das Ereignis stattgefunden hat. Die Internetnutzer können durch die digitalen Abbildungen selbst nacherleben, wie es am Original-Schauplatz gewesen sein könnte.

wie sie den Anwender umgibt, eingebettet sind und so eine Story in einem fesselnden dreidimensionalen Format erzählen. Der Anwender kann vergangene Ereignisse als virtueller Zuschauer erleben.

Als spezielle Form der mobilen erweiterten Realität (Mobile Augmented Reality, MAR) verbindet die MJW ein weit gefächertes Spektrum an digitalen Technologien, u. a. Kamera und Mikrofon, ein durchsichtiges Display, das am Kopf des Users befestigt ist, einen *Head-Tracker*, einen drahtlosen Hochgeschwindigkeits-Internetzugang, Laptop, Palm, sowie GPS (Global Positioning System). Der *Head-Tracker* ermöglicht das Bedienen des Bildschirms durch Blickauswahl. Es ist keine Eingabe per Tastatur- oder Mauseingabe erforderlich. Das bedeutet, dass der Anwender oder Reporter einfach ein Objekt auf dem Bildschirm durch Anblicken von mindestens einer halben Sekunde lang auswählen kann, was bei einem normalen Computer über die Maus erfolgen würde. Vor Ort ist die Blickauswahl besonders zum Aktivieren von Computeranwendungen nützlich, da für eine Eingabe keine Handbedienung erforderlich ist.

Bislang hat es jedoch nur wenige kommerzielle Experimente mit dieser Kombination von Technologien gegeben, davon eines bei der *Clarin*, der größten spanischsprachigen Zeitung in Südamerika (mit Sitz in Buenos Aires). In Deutschland sind solche Formate bisher nur in Museen für virtuelle Führungen verbreitet.[3]

Das IMSC (Integrated Media Systems Center) der University of Southern California experimentiert mit unterschiedlichen Formen digitaler Nachrichten. Der erfahrene Nachrichtenchef Adam Clayton Powell III leitet das IMSC und befasst sich mit der Entwicklung der nächsten Generation von Technologien, die im Journalismus eingesetzt werden können. Über eine Partnerschaft mit MLP (MacNeil-Lehrer Productions) testet das IMSC interaktive, dreidimensionale Audio- und Videoformate sowie Tools

---

3   Ein Beispiel aus Großbritannien: http://news.bbc.co.uk/2/low/technology/3954659.stm. In Europa werden diese Anwendungen hauptsächlich in Museen genutzt, die mit dieser Technologie Multimediatouren von kulturellen oder historischen Stätten gestalten, welche die physischen Gegebenheiten der Museumseinrichtungen sprengen würden (z. B. die Geschichte des historischen Vesuvausbruchs und seiner Auswirkungen auf Pompeji). Mehrere kommerzielle Unternehmen, die nicht zum Medienbereich gehören, entwickeln zurzeit marktgerechte MAR-Content-Anwendungen.

zur Aufnahme, Herstellung und Übertragung von digitalen Nachrichten und Informationen, darunter auch Übertragungen über Internet.[4]

Automatisierte Videosuche und Videoanalyse

Weiterentwicklungen in der Bildproduktions- und Videotechnologie bieten zahlreiche Gelegenheiten für Innovationen im Journalismus, darunter auch im Bereich Fernsehen, Online und mobiler Journalismus. Die digitale Konvergenz eröffnet mindestens drei Innovationsmöglichkeiten im Journalismus.

⊃ Erstens ermöglichen Softwareanwendungen für digitales Video neue Formen der Videosuche nach bestimmten Bildern im betreffenden Video. Im Journalismus ist dies aus mehreren Gründen wichtig, u. a. erleichtert es das Durchsuchen möglicherweise großer Videodateien oder Videoarchive nach bestimmten Clips oder Objekten, wie z. B. nach einem Gesicht, einem Gebäude oder etwas anderem mit Nachrichtenwert. Dies kann besonders bei aktuellen Nachrichten wichtig sein, wenn der Artikel abgeliefert werden muss und jede Sekunde zählt, die bei einer Suche eingespart werden kann, da sie einen Wettbewerbsvorteil gegenüber der Konkurrenz bedeutet. Für Produzenten von Dokumentarfilmen kann die Suchfunktion in Videoarchiven einen großen finanziellen Vorteil bringen, wenn die Geldmittel wieder einmal knapp bemessen sind.

In einigen Fällen wird eine Person eventuell erst lange, nachdem das Video gedreht wurde, „nachrichtenwürdig". Das war beispielsweise beim Skandal um die Praktikantin Monica Lewinsky und Präsident Clinton der Fall. Als die Affäre zwischen Clinton und Lewinsky bekannt wurde, beauftragten Nachrichtenredaktionen ihre Mitarbeiter, sich durch viele Stunden von Archivvideos zu arbeiten, in denen Clinton und Lewinsky möglicherweise zusammen zu sehen waren. Bei diesen Aufnahmen erschien oftmals Lewinskys Name nicht in der Beschreibung, da sie zur Zeit der Aufnahme noch keinen

---

4   Informationen zum 3-D-Reporting finden sich hier: http://viterbi.usc.edu/news/news/2006/news_20060201.htm

Nachrichtenwert hatte. Als der Skandal aber losbrach, stieg ihr Nachrichtenwert ins Unermessliche, und plötzlich wollten alle sie und den Präsidenten zusammen auf einem Video sehen, um stufenweise die Entwicklung ihrer Beziehung verfolgen zu können. Prof. Shih-Fu Chang, ein Informatiker an der Columbia University, hat umfassende Studien zu diesen Technologien durchgeführt. Seine Studien haben dazu beigetragen, eine ganze Reihe an Produkten zu entwickeln, die im Journalismus Anwendung finden, um komplizierte Videosuchfunktionen durchzuführen.

◌ Ein zweiter Bereich für potenzielle Innovationen ist die Anwendung der künstlichen Intelligenz (KI) für die Videoanalyse im Journalismus. Prof. Mark Frank (Buffalo, State University of New York) nimmt eine Vorreiterrolle bei der Anwendung der künstlichen Intelligenz innerhalb der Videoanalyse ein. Frank entwickelt in seinen wegweisenden Studien Protokolle für computerbasierte Such- und Analysefunktionen menschlicher Gesichter in Videos. Seine Protokolle ermöglichen eine automatisierte Analyse der sich auf einem Gesicht spiegelnden Emotionen und können dabei helfen, einen Lügner zu entlarven. Franks Studien werden häufig von der Polizei und bei der automatischen Identifizierung von möglichen Terroristen im Sicherheitsbereich von Flughäfen oder anderen Gebäuden eingesetzt.

Dieses Möglichkeitsspektrum hat potenziell eine große Bedeutung für den Journalismus, da Reporter, die ein Interview führen, oft nicht ohne weiteres erkennen können, wann ihr Interviewpartner bewusst irreführende Angaben macht oder absichtlich lügt. Zu wissen, wann jemand lügt oder einen in die Irre führt, könnte sich entscheidend darauf auswirken, wann am besten eine bestimmte Folgefrage gestellt oder andere Recherchestrategien, wie z. B. eine Datenbanksuche und Datenbankanalyse, eingesetzt werden sollten. Erfahrene Reporter verfügen oft über genügend Intuition, um zu merken, wann jemand lügt, doch ein Computertool zur Hand zu haben, das vor Ort praktisch in Echtzeit über einen Laptop die Analyse ausführt, könnte sich als wertvolles zusätzliches Hilfsmittel erweisen.

◌ In das dritte Innovationsfeld der computergestützten Videografie fallen die Computerkamerastudien des Informatikprofessors Shree Nayar. Ein Bereich der Computerkameras beinhaltet die Aufnahme von HDR-

Bildern (High Dynamic Range Imaging). Dabei nutzt Nayar die Fähigkeit des Computers, die Belichtung jedes Pixels in einem Bild oder Video auf verschiedenen Stufen anzupassen, während dies mit herkömmlichen analogen Kameras im Normalfall nicht möglich ist. Wenn also ein Foto oder ein Video bei sehr kontrastreichen Lichtverhältnissen aufgenommen wird, z. B. ein dunkles Fenster oder ein dunkler Türeingang in einer hellen Umgebung, wie es draußen bei hellem Tageslicht oft der Fall ist, erscheint das Innere des Fensters bzw. der Tür viel zu dunkel, um etwas wahrnehmen zu können. Eine Möglichkeit wäre, dass das Äußere des Fensters bzw. der Tür stark überbelichtet wird, wodurch allerdings die Umgebung dann ebenfalls stark überbelichtet wäre. Mit Nayars HDR-Technologie kann jeder einzelne Teil eines Bildes oder Videos selektiv nach Bedarf belichtet werden, was anhand eines per Computermaus gesteuerten elektronischen Pinsels erfolgt.

Für den Journalismus bedeutet das einen potenziell innovativen Einsatz von HDR-Bildern und -Videos in vielen unterschiedlichen Nachrichtenstorys, welche andernfalls von Reportern, Fotografen oder Videojournalisten nicht weiter verfolgt worden wären. Nehmen wir z. B. den Fall der Papyrusrollen vom Toten Meer. Die Papyrusrollen wurden 1947 und 1956 in elf Höhlen in der Nähe des Ufers des Toten Meeres in einem Gebiet etwa 20 km östlich von Jerusalem und in einer Höhe von knapp 400 Meter unterhalb des Meeresspiegels gefunden. Seit der Entdeckung der Papyrusrollen sind die Höhlen und ihr Inneres ausgiebig fotografiert und videografiert worden. Wenn man die Höhlen jedoch von außen betrachtet, erscheinen sie als undurchdringbare Dunkelheit, zumindest dort, wo herkömmliche Videografie, Fotografie oder das bloße menschliche Auge zum Einsatz kommen. Ein Fotograf oder Videograf, der eine derartige Story im Jahr 2009 aufdeckt, könnte hingegen dem Betrachter eines Fotos oder Videos im Web über die HDR-Technologie anhand von Nayars Software-Steuertool die Möglichkeit geben, elektronisch mit einem Pinsel über ein Foto oder ein Video der Höhle zu streichen, um dann sehen, oder vielmehr entdecken, zu können, was im Inneren verborgen liegt.

Dreidimensionales Fax (3D-Fax)

Eine neue Technologie, die allgemein unter der Bezeichnung „3D-Fax" bekannt ist, könnte ebenfalls einen wesentlichen Einfluss darauf haben, wie Journalisten über eine Story berichten. Die Techniken, die Reporter einsetzen, sind im Lauf der Zeit immer komplexer und vielfältiger geworden und haben sich vom einfachen Zeitungstext über Audio- und Videobeiträge bis hin zur interaktiven Zuschauereinbindung entwickelt. Mit dem 3D-Fax wird nun auch der Tastsinn angesprochen. Offiziell wird das 3D-Fax als „Rapid Prototyping Technology" (3D-Drucktechnologie) bezeichnet und ist in den Bereichen Design, Produktion und auch Medizin bereits weitverbreitet. Ein Zahnarzt in Manhattan verwendet die Technologie, um Wurzelkanal- und Kronenbehandlungen in einer einzigen Sitzung durchführen zu können. Die NASA hat einen so genannten Rapid Prototyper (3D-Drucker) für die internationale Raumstation erworben, um Reparaturen durchzuführen und Teile zu ersetzen, ohne dass die Raumstation verlassen oder Teile von der Erde hoch transportiert werden müssten.

Es gibt unterschiedliche Arten, wie 3D-Drucker arbeiten. Einfach ausgedrückt, scannen sie optisch ein Objekt ab, häufig aus Präzisionsgründen mit Laser, und übertragen die digitalen Daten über ein Netzwerk (LAN oder WAN, einschließlich Internet über Funk- oder herkömmliche Übertragung) an ein Druckgerät, das in der Lage ist, 3D-Kopien oder 3D-Prototypen des Originals möglichst schnell anzufertigen. Tatsächlich muss das in 3D-Format kopierte Objekt kein physischer Gegenstand sein. Genauso gut könnte es sich um ein 3D-Modell handeln, das virtuell am Computer erstellt wurde, wie das z. B. bei der Entwicklung von Autos der Fall ist. Gescannte und reproduzierte Objekte können groß oder klein sein und in Originalgröße oder kleiner reproduziert werden.

Drucker können die Kopien unterschiedlich ausgeben. Üblich sind Geräte, die Ausdrucke in Kunststofffilamenten erstellen, indem sie die 3D-Kopie durch das Übereinanderschichten von Einzelfasern, den Filamenten, nach und nach aufbauen. Eine Alternative ist das Anfertigen einer 3D-Wachsform, in die flüssiges Material gegossen wird, das abkühlen muss und anschließend aus der Form gebrochen wird. Zurück bleibt die 3D-Kopie. Objekte mit mehreren oder sich bewegenden Teilen können so schrittweise aufgebaut werden.

Im Journalismus gibt es zahlreiche Einsatzmöglichkeiten der 3D-Technologie. So wie es für Zeitungsleser des frühen 19. Jahrhunderts schwer gewesen sein dürfte, sich Zeitungen voller Fotos vorzustellen, oder gar Radio- oder Fernsehnachrichten, kann es selbst für Blogger des 21. Jahrhunderts schwer sein, sich eine 3D-Nachrichtenstory vorzustellen, für die keine 3D-Brillen erforderlich sind, sondern das 3D-Fax. Stellen Sie sich einmal Folgendes vor: Im Jahr 2015 entdeckt der Mars Rover II der NASA auf dem großen roten Planeten ein Fossil. Der Rover II überträgt nun nicht nur Daten zu den physikalischen, chemischen und geologischen Merkmalen des Fossils, sondern anhand des extraterrestrischen Internets sendet er auch Foto-, Video- und 3D-Faxdaten zurück, anhand derer 3D-Drucker auf der Erde in annähernd Echtzeit eine Nachbildung des Fossils anfertigen könnten.

Stellen Sie sich vor, wie das wäre, nicht nur einen Artikel über das Fossil zu lesen – das der Beweis dafür wäre, dass es Leben außerhalb der Erde gegeben hat – sondern auch Bilder und Videoaufnahmen dieser wissenschaftlichen Entdeckung ansehen zu können. Stellen Sie sich nun weiter vor, Sie könnten ein maßstabsgerechtes Modell des Fossils in den Händen halten und die Umrisse des Wesens abtasten. Wäre das eine ansprechendere Art des Journalismus? Die Antwort liegt klar auf der Hand. Wissenschaftler in Stanford und anderen Universitäten befassen sich gerade mit der Entwicklung der nächsten Generation der 3D-Fax-Technologie. Am Massachusetts Institute of Technology (MIT) wurde mit der Entwicklung einer 3D-Fax-Methode begonnen, die es Computernutzern ermöglichen soll, neue Hauptplatinen herunterzuladen und auszudrucken und sich so im Grunde einen neuen Computer herunterzuladen. Andere Forscher entwickeln eine 3D-Drucktechnologie, um einen 3D-Heimdrucker ebenso preisgünstig anbieten zu können, wie es Farblaserdrucker im Jahr 2008 sind. Denken Sie nur zurück an die 90er Jahre, als der eigene Drucker zu Hause eher die Ausnahme als die Regel war.[5]

---

5 Diese neue Technologie ist bei Weitem nicht so futuristisch, wie man meinen könnte. Wie am 5. April 2007 in der New York Times berichtet wurde, steht kommerziell erhältliche Hard- und Software bereits in den Verkaufsregalen bereit. Der *NextEngine-3D-Scanner* scannt Gegenstände, die auf einer Tischdrehplatte platziert werden, mit einem

Journalismus im digitalen Zeitalter – zwischen Quantität und Qualität

Eine der wichtigsten Fragen, mit denen der Journalismus sich im heutigen digitalen Zeitalter beschäftigen muss, ist, welchen Einfluss die zunehmende Beliebtheit von Blogs und anderen neuen Medien auf die Qualität des Journalismus haben wird. Die Frage ist aus mehreren Gründen wichtig, nicht zuletzt, weil der Journalismus traditionell ein Pfeiler der Demokratie ist. Der Journalismus versorgt die Wählerschaft mit wichtigen Informationen. Die Qualität der Nachrichten bestimmt den Wert des Journalismus selbst. Wenn diese Qualität abnimmt, leidet nicht nur der Journalismus, sondern auch die Demokratie.

Seit dem Aufkommen der neuen Medien wird der Journalismus zunehmend mit wirtschaftlichen Herausforderungen und anderen Verpflichtungen konfrontiert, die zu einer Abnahme der Qualität in der Berichterstattung in allen Medientypen führen können.

Das Aufkommen der neuen Medien verändert zudem nicht nur den Journalismus, sondern auch das Verhalten der Mediennutzer. So ist das Medienzeitbudget des durchschnittlichen Deutschen von 522 Minuten im Jahr 2000 auf 600 Minuten täglich im Jahr 2005 gestiegen, da immer mehr Tätigkeiten, wie Auto fahren oder Essen, von Medien begleitet werden.[6]

Doch obwohl der Medienkonsum insgesamt gestiegen ist, verlieren die Printmedien an Rezipienten. Laut der Allensbacher Markt- und Werbeträgeranalyse (AWA 2008)[7] lesen nur noch 64,2 Prozent der Deutschen überregionale Qualitätszeitungen. 2005 waren es noch 69 Pro-

---

Laserstrahl ab. Die Länge, Breite und Höhe des Gegenstandes werden anschließend als computerlesbare Daten gespeichert, sodass die erforderlichen Daten an den Drucker weitergeleitet werden können, um dann eine Kopie oder ein Faksimile in 3D auszugeben. Industrielle Designer haben 3D-Drucker und 3D-Scanner bereits seit den 90er Jahren, wenn nicht länger, im Einsatz, doch die Kosten überstiegen die finanziellen Möglichkeiten der meisten Privatkunden. Jetzt pendeln sich die Kosten von mehreren Zehntausend Dollar auf weitaus erschwinglichere Preise ein. Kommerziell erhältliche Laserscanner können digitale 3D-Bilder von Gegenständen anfertigen, auch wenn diese auf der Oberfläche geringfügige Abweichungen wie Risse oder Unebenheiten aufweisen.

6 Gerhards, Maria/Klingler, Walter (2006): Mediennutzung in der Zukunft. Traditionelle Nutzungsmuster und innovative Zielgruppen. In: Media Perspektiven2/2006, S. 75–90
7 Die Allensbacher Markt- und Werbeträgeranalyse, AWA genannt, untersucht Konsumgewohnheiten und Mediennutzung. Sie wird vom Institut für Demoskopie Allensbach durchgeführt. http://www.awa-online.de/main_newst.php?selection=6

zent. Somit haben die überregionalen Qualitätszeitungen innerhalb von drei Jahren 7 Prozent (4,8 Prozentpunkte) ihrer Leser verloren. Während des gleichen Zeitraums ist dagegen laut ARD/ZDF-Online-Studien von 1999-2008 die Gruppe der Deutschen, die gelegentlich online sind, von 57,9 Prozent auf 65,8 Prozent, also um mehr als 13 Prozent gewachsen.[8] Die Mehrheit der Onlinenutzer (52 Prozent) interessiert sich für aktuelle Nachrichten aus dem In- und Ausland, 24 Prozent für Informationen zum Wirtschafts- und Börsengeschehen.

Noch deutlicher zeigen Daten des Statistischen Bundesamts in Wiesbaden, wie stark das Internet dem Informationsbedürfnis der Nutzer entgegenkommt: So nutzten im Jahr 2007 etwa 96 Prozent der „Surfer" das WWW, um sich aktuell zu informieren, rund 21 Prozent nutzten Internetradio- und Fernsehen sowie etwa 27 Prozent Internetzeitungen und -magazine. Dieser Trend macht sich auf dem Zeitungsmarkt bemerkbar. Nach Angaben der IVW-Auflagenlisten sank die Zahl der Tageszeitungstitel von 414 im Jahr 1995 auf 375 im Jahr 2008. Während 1995 die Auflage bei 30,2 Millionen Exemplaren lag, sank diese auf 23,6 Millionen im Jahr 2008. Viele Zeitungen, darunter etwa die *Welt*, greifen den Trend auf und bringen unter dem Motto „Online first" alle Meldungen zuerst auf ihrer Internetseite, bevor der Printartikel verfasst wird (siehe Kapitel 1).

Für viele Bürger sind Online-Nachrichten zunehmend eine Alternative zu traditionellen Nachrichtenformen geworden.[9] Natürlich stammen viele Online-Nachrichten von traditionellen Nachrichtenorganisationen, obgleich zahlreiche Blogger und andere Nachrichtenautoren unabhängig von einem traditionellen Nachrichtenanbieter arbeiten.

Unklar ist allerdings, wie sich die Qualität der Nachrichten weiter entwickelt. Die Qualität im Journalismus hängt von mehreren Faktoren ab, einer davon – und sicher nicht der unwichtigste – ist die finanzielle Situation. Die Zunahme von Zeitungsketten und kommerziellen Radio- und Fernsehstationen hat viele Manager in den Medienkonzernen dazu veranlasst, Kosten zurückzuschrauben, gleichzeitig aber hohe Börsen-

---

8   Media Perspektiven Basisdaten – Daten zur Mediensituation in Deutschland 2008, 26. Ausgabe. http://www.media-perspektiven.de/basisdaten.html.
9   Zum Folgenden: Neuberger, Christoph/Nuernbergk, Christian/Rischke, Melanie (Hrsg.) (2009): Journalismus im Internet: Profession-Partizipation-Technisierung. Wiesbaden: VS Verlag.

kurse beizubehalten, um für Anleger an der Börse attraktiv zu sein. Ein weiteres Beispiel: *Time* Inc., verkündete im Jahr 2007, dass Hunderte von Redakteuren entlassen werden müssen. Gleichzeitig ließ *Time* verlauten, dass mehr Laptop- oder Vor-Ort-Reporter, die Material von einem Handy oder einer virtuellen Redaktion aus erstellen, ihre Stelle behalten oder neu eingestellt werden würden. Vielfach wurden Mitarbeiter entlassen und der Anteil der eigenen Berichterstattung gekürzt, so dass Berichte nun oft von Nachrichtenagenturen stammen oder als Audio- und Videoberichte in Form von VNR (Video News Releases, eine neue Form der Presse-Mitteilung) herausgegeben werden. Die Folge davon ist nachlassende Qualität des Nachrichtenangebots sowohl in gedruckter als auch in elektronischer Form. Ebenso hat dies einen Rückgang der eigenen Berichterstattung, besonders auch auf lokaler Ebene zur Folge. Und es bedeutet weniger investigative Berichterstattung, für die oft Wochen oder Monate für die Recherche und beträchtliche finanzielle Mittel aufgewendet werden müssen, ohne dass es eine Garantie für ein gutes Ergebnis gäbe. Die Korrektheit der Berichterstattung kann ebenfalls leiden, da die Nachrichtenmedien immer weniger Zeit und Personal darauf verwenden, Fakten zu überprüfen sowie das Material zu korrigieren und zu redigieren, bevor es veröffentlicht wird. Dies trifft besonders auf die Online-Berichterstattung zu, wie beispielsweise Blogs. Der Druck wird zunehmend größer, Berichte möglichst schnell zu veröffentlichen, um einen Wettbewerbsvorteil gegenüber der Konkurrenz zu haben. Dafür wird auf eine zweite verlässliche Quelle zur Überprüfung der Fakten gerne verzichtet, was wiederum die Verlässlichkeit des Berichtes deutlich in Frage stellt. Da auch die Werbung heutzutage mehr über Internetseiten für Kleinanzeigen und Versteigerungen und immer weniger über die herkömmlichen Nachrichtenmedien abgewickelt wird, leidet die Qualität im Journalismus oft unter zusätzlichen finanziellen Einbußen.

Rückkehr zu den journalistischen Wurzeln

Das Aufkommen des Telefons im Journalismus im frühen und der E-Mail im späten 20. Jahrhundert hat eine technologische Abhängigkeit in der Nachrichtenberichterstattung erzeugt und gefördert. Immer weniger Reporter verlassen sich auf die gute alte Methode, sich die Sohlen abzulaufen, um ihre Artikel zu verfassen. Im Normalfall sitzen sie an einem Schreibtisch, führen von dort aus ihre Interviews und durchsuchen das Netz nach Informationen. Nichts jedoch übertrifft in punkto Qualität der Berichterstattung persönliche Beobachtungen und direkte Befragungen. Die neue Mobilfunk- und die Drahtlos-Technologie ermöglichen eine Rückkehr zu den guten alten Arbeitsmethoden der direkten Befragung und Beobachtung vor Ort. Auch bei *Time* halten diese Arbeitsmethoden wieder Einzug. Ebenso bei RedBankGreen.com, einer Nachrichten- und Informationswebsite, die vom erfahrenen Journalisten John Ward gegründet wurde.[10] Ward lebt seit vielen Jahren in dem kleinen Städtchen Red Bank in New Jersey. Nach 20 Jahren verließ er die Welt des Tageszeitungsjournalismus, um seine eigenen Online-Nachrichten zu produzieren. Ward geht durch sein Städtchen, beobachtet aus erster Hand, was dort vor sich geht, wozu er Läden und öffentliche Versammlungen besucht, Leute auf der Straße interviewt und ständig nach interessanten Geschichten Ausschau hält. Ward erzählt: „In Red Bank leben 12.000 Einwohner. Das sind mindestens 12.000 Geschichten." Ward wird von anderen Gelegenheitsreportern wie Linda G. Rastelli bei seiner Arbeit unterstützt. In einem ihrer Artikel über das wöchentliche Ortstreffen „Wooly Monmouth", bei dem ein halbes Dutzend Frauen aus Red Bank zusammenkommen, um zu stricken und über verschiedene Themen zu diskutieren, erzählt Rastelli: „Jemand an dem großen Eichentisch fragte ‚Warum tun sie bei einem jüdischen Begräbnis eigentlich Lehm auf die Augen?' Da keine der Anwesenden eine befriedigende Antwort darauf hatte, stand die Teilzeit-Mitarbeiterin (und „Wo habe ich das schon mal gesehen"-Fachfrau) Jenn Woods auf und ging in den hinteren Teil des Ladens, um in Google darauf eine Antwort zu finden. Währenddessen strickten die Damen um die runde Tafel seelenruhig weiter, plauderten angeregt und nippten an ihrem Wein." Diese Art der Mikro-Berichterstattung macht einen Journalismus möglich, der mit seinen Geschichten die Leser anspricht, weil sie sich in ihnen wieder erkennen können.

---

10 www.redbankgreen.com

Zusammenfassung

Futuristisch erscheinende Technologien könnten bald auch im Journalismus Einzug halten. Hier ist Innovationsfreudigkeit gefragt und die Offenheit, neue Potenziale zu erkennen und auszuprobieren. Derzeit sind zwei parallele Trends im Journalismus erkennbar: Zum einen wird die Technik immer ausgereifter. Die Darstellungsformen werden immer lebendiger und die Einbeziehung der Nutzer immer einfacher. Gleichzeitig besinnen sich in den USA einige Medien wieder auf die Wurzeln des Journalismus zurück und nehmen auch die Mikroberichterstattung aus einzelnen Stadtteilen nicht aus. Die direkte Befragung und die persönliche Beobachtung sind immer noch der größte Garant für qualitative Berichterstattung. Eine Kombination klassischer Arbeitsmethoden mit neuer Mobil- und Drahtlostechnologie zeigt neue Potenziale für Qualitätsjournalismus auf.

Weiterführende Literatur

Böhme-Dürr, Karin/Keunecke, Susanne (2003): Kommunikation in der Praxis: Gegenwart und Zukunft von Medienberufen. Berlin: Vistas Verlag.
Grittmann, Elke/Neverla, Irina/Ammann, Ilona (Hrsg.) (2008): Global, lokal, digital. Fotojournalismus heute. Köln: von Halem.
Meyer, Philip (2001): The Vanishing Newspaper: Saving Journalism In The Information Age. Columbia: University of Missouri Press.
Neuberger, Christoph/Tonnemacher, Jan (Hrsg.) (2003): Online – die Zukunft der Zeitung? 2., überarbeitete und aktualisierte Auflage, Wiesbaden: VS Verlag.
Pavlik, John V. (2001): Journalism and New Media. New York: Columbia University Press.
Pavlik, John V./McIntosh, Shawn (2003): Converging Media: Introduction to Mass Communication in the Digital Age. Boston, MA: Allyn & Bacon.
Pavlik, John V./McIntosh, Shawn (2006): Mobile News Design and Delivery. In: Groebel, Jo/Noam, Eli M./Feldmann, Valerie (Hrsg.): Mobile Media: Content and Services for Wireless Communications. Mahwah, NJ (u.a): Lawrence Erlbaum.
Picot, Arnold/Bereczky, Andreas/Freyberg, Axel (2006): Triple Play: Fernsehen, Telefonie und Internet wachsen zusammen. Berlin: Springer.
Quandt, Thorsten/Löffelholz, Martin/Weaver, David H./Hanitzsch, Thomas/Altmeppen, Klaus-Dieter (2006): American and German Online Journalists at the Beginning of the 21st Century: A Bi-National Survey. In: Journalism Studies. 7. Jg., H.2, S. 171-186.

Exkurs: Innovationen bei Themenfindung und Themenbearbeitung

Innovative Ideen brauchen einen langen Atem
Interview mit Gabriele Fischer, Chefredakteurin von *brand eins*

brand eins ist anders als andere Magazine. Wie würden Sie das Besondere an brand eins beschreiben?

Ich lasse am besten eine Leserin sprechen: „Schade, dass *brand eins* kein Typ ist: Intelligent und attraktiv, stylish aber nicht gestylt. Weltgewandt, mit dem Blick für das Wesentliche und mit einer Schwäche zum Unwesentlichen. Humorvoll, tiefsinnig und immer unterhaltend. Intellektuell und kreativ, mit sozialem Verstand, aber gar nicht Öko. Sympathisch elitär. Schade eigentlich, denn das wäre genau mein Typ." Und dann sieht der Typ auch noch gut aus.

Zeitschriften wie brand eins, Galore, Neon, SZ Magazin, die Website „Jetzt.de", aber auch Fernsehsender wie Arte oder 3sat haben den „anderen Blick" zum Programm gemacht. Welche Medien in Deutschland schätzen Sie besonders für ihre Innovativität?

Ich schätze jedes Medium, das neue Wege geht, journalistische Qualität pflegt und mich überrascht. Und alle aufgezählten Medien, die noch am Leben sind, sind auch Qualitätsmedien. Ich halte nichts von der gern kolportierten „Branchenweisheit", dass die Leute nicht mehr lesen wollen und im Fernsehen Trash bevorzugen.

Die Themenumsetzung bei brand eins unterscheidet sich grundlegend von anderen Magazinen. Welche Schwerpunkte setzt brand eins und wie hat sich dieser Stil entwickelt?

Unser Grundthema heißt Veränderung. Deswegen saugen wir wie ein Staubsauger auf, was wir an Indizien für Veränderung bemerken. Die

Schwerpunkt-Themen entstehen dann im ständigen Dialog untereinander. Das hat weniger mit Talent zu tun als mit Aufmerksamkeit, Neugier und Arbeit.

„Die Themen liegen auf der Straße", heißt es. Wie findet man gerade als junger Journalist ein innovatives Thema?

Die wichtigste Journalisten-Eigenschaft ist Neugier – man könnte auch sagen: die Kunst, Fragen zu stellen. Und wenn man Fragen gelernt hat, liegen die Themen tatsächlich auf der Straße: Warum geht an der Ecke nun zum dritten Mal in Folge eine Kneipe pleite? Was sind das für Wirte, die sich trotzdem immer wieder trauen? Warum wechseln auf dem Wochenmarkt einzelne Stände immer wieder den Standort? Wer weist die zu? Und geht das immer mit rechten Dingen zu?

Worauf achten Sie, wenn Sie Texte von neuen Autoren erstmals lesen? Was ist Ihnen wichtig?

Dass mir der Autor eine Geschichte erzählen und etwas Neues mitteilen will. Mich interessiert nicht die zehnte Variation eines bekannten Themas. Mich interessiert, was mich überrascht. Genauso wichtig ist es, dass der Autor zuvor eine Menge Arbeit investiert hat, um ein Thema wirklich zu durchdringen.

Wie kann man ein Thema auch stilistisch innovativ angehen? Welche Journalisten finden Sie in ihrem Schreibstil oder ihrer Bildsprache besonders innovativ?

Wer eine gute Geschichte hat und ihr vertraut, muss keine stilistischen Locken drehen. Bilder sind gut, wenn sie neu sind, passen und sparsam verwendet werden. Aber wichtiger ist es, sich beispielsweise die Menschen genau anzusehen und so zu beschreiben, dass der Leser von allein auf die Idee kommt: „Das scheint ein ziemlich knorriger Typ zu sein."

Ist der Stil von brand eins auch auf andere Magazine und Medien übertragbar?

Wir wollen genau keinen Schreibstil, der *brand eins* prägt, sondern wir wollen unterschiedliche Autoren mit unterschiedlichen Eigenheiten, die aber alle gute Geschichten erzählen können und wollen. Und das ist natürlich so übertragbar wie wünschenswert.

Orientieren Sie sich an Medien auf internationaler Ebene und schätzen Sie bestimmte Medien außerhalb Deutschlands?

Mir gefallen Geschichten, die mich durch neue Sichtweisen zum Nachdenken bringen. Ich freue mich über entsprechende Beiträge im *New Yorker*, dem *Economist* oder *Atlantic Monthly*. Aber „orientieren" wäre zu viel gesagt.

Nehmen Sie auch Impulse aus dem Internet auf oder aus anderen neuen Medien? Zum Beispiel Subjektivität aus Weblogs oder Designideen?

Natürlich schauen wir uns im Internet um und nehmen Impulse auf. Aber noch wichtiger sind die Anregungen, die wir durch unsere Leser bekommen. Wir pflegen von Anfang an einen intensiven Dialog, der zu vielen interessanten Geschichten geführt hat. Und für das Design ist bei *brand eins* Mike Meiré zuständig, der im Hauptberuf eine Agentur leitet und Anregungen aus aller Welt aufnimmt und für *brand eins* umsetzt.

Gibt es in Deutschland mehr oder weniger Spielräume für Innovationen im Journalismus als im Ausland?

Es gibt überall Spielräume, wo es Menschen gibt, die sie nutzen. Und es gibt überall Ausreden, das nicht zu tun.

Innovative Magazin-Ideen können in Deutschland nicht leicht umgesetzt werden. Was war bei dem Start von brand eins wichtig, und wie gelingt es, das Magazin weiterhin auf dem Markt zu halten?

Das größte Problem ist der Anzeigenmarkt, der lieber auf Bewährtes als auf Neues setzt und sich vor allem an Reichweiten und Mediadaten orientiert. Das macht neuen Magazinen in Deutschland den Start schwer.

Interview mit Gabriele Fischer (brand eins)

Wir waren uns dessen nach den Erfahrungen mit dem Vorgängermagazin *Econy* bewusst und haben deshalb unseren Investoren von Anfang an gesagt: Wir brauchen Qualität von Anfang an, um Leser für *brand eins* zu gewinnen, die auch bereit sind, einen ordentlichen Preis zu bezahlen und damit Vertriebserlöse zu generieren. Und wir brauchen einen langen Atem. Inzwischen zählen uns Anzeigenkunden bereits zu den „Bewährten", und die verkaufte Auflage steigt kontinuierlich.

Wie kann man Medienmanager von innovativen Ideen überzeugen?

Keine Ahnung. Uns ist es nicht gelungen.

Werden innovative Konzepte im Journalismus von den Anzeigenkunden und vom Publikum honoriert?

Vom Publikum eher als von den Anzeigenkunden. Aber auch das Publikum muss erst einmal von einem innovativen Konzept erfahren, und das braucht Zeit.

Innovative Medien bedienen oft kleine Publikumssegmente. Ist man abhängiger von Anzeigenkunden und/oder von der PR als bei „Mainstream"-Medien?

Jedes Medium ist abhängig davon, dass die Einnahmen irgendwann die Kosten übersteigen. Wer dafür Glaubwürdigkeit und Unabhängigkeit riskiert, riskiert die Existenz, ganz egal ob im Mainstream oder in der Nische.

Sie leiten als Chefredakteurin ein Team von mehreren Redakteuren und freien Journalisten. Wie kann es einer Redaktion gelingen, immer wieder aus Routinen auszubrechen? Welche redaktionellen Strukturen brauchen Innovationen im Journalismus?

Das Wichtigste ist, eine Atmosphäre zu schaffen, in der jeder sein Bestes geben kann und sich jeder mit dem gemeinsamen Produkt identifiziert. Und in der auch Auseinandersetzungen möglich sind. Das klingt einfach, ist aber ein Job, der nie endet.

Kann man Kreativität planen oder ein Umfeld schaffen, das Kreativität fördert? Wie sondert man schlechte Ideen aus, wie identifiziert man gute?

Die wichtigste Voraussetzung für Kreativität ist Angstfreiheit. Die wichtigste Führungsregel für mich ist: Menschen kann man nicht motivieren, man kann nur aufhören, sie zu demotivieren. Und bei vielen Ideen weiß man erst hinterher, ob sie gut oder schlecht waren. Man muss experimentieren, denn das hat auch etwas mit Angstfreiheit zu tun.

Sie sind eine der ganz wenigen Chefredakteurinnen in Deutschland. Was würden Sie jungen Frauen raten, die den Journalismus als Beruf wählen?

Alles, was ich auch Männern raten würde: neugierig zu bleiben, ein Gespür für Geschichten zu entwickeln und sich auf einem möglichst nicht gar zu abgegrasten Gebiet zu spezialisieren, also Expertise zu entwickeln. Journalismus ist ein wunderbarer Beruf, in dem man immer dazu lernen kann, egal ob als Chefredakteur oder Autor.

Wann ist die richtige Zeit, um als Journalist bei einem innovativen Medium wie brand eins *anzuheuern? Als Berufseinsteiger oder als erfahrener Journalist?*

Wie so oft gibt es da keine allgemeingültigen Regeln. Auf der einen Seite sind *brand eins*-Geschichten eher komplex, deswegen ist Erfahrung nützlich. Aber wir haben auch sehr junge Journalisten unter unseren Autoren, die einen eigenen Blick mitbringen und keine Angst vor großen Themen haben.

Fragen: Sonja Kretzschmar und Susanne Fengler. Das Interview wurde schriftlich geführt.

Kapitel 7: Innovationen bei der Recherche I: „Computer Assisted Reporting" – ein Überblick Perspektiven der Forschung (John Pavlik)

Die Kandidatin für das Amt des Bezirksstaatsanwalts (*DA, District Attorney*) beendete ihre Presseerklärung mit den Worten, dass sie als Staatsanwältin für den Bundesstaat Rhode Island einen nie zuvor erzielten Verurteilungsrekord von Mordfällen aufweisen könne. Das war eine hoch gegriffene Behauptung, dachte sich Elliot Jaspin, der bereits den Pulitzer-Preis für seine investigativen Arbeiten gewonnen hatte und zu der Zeit an der Berichterstattung über die DA-Kandidatin arbeitete. „Und außerdem", dachte sich Jaspin, „ist das eine Behauptung, die sich nachprüfen lässt." Er kehrte in sein Redaktionsbüro in der Innenstadt von Providence in Rhode Island zurück, einem Ort, den Jaspin oft für sich als „einen Vergnügungspark für Reporter" bezeichnete, weil die Regierung dieses Bundesstaats schon seit jeher chronisch an Korruption litt. Er besorgte sich das Magnetband mit den Aufzeichnungen der strafrechtlichen Verfolgungen im Bundesstaat Rhode Island und verglich den Namen der DA-Kandidatin mit der statistischen Aufstellung der Mordfälle. „Sie hatte Recht", bemerkte Jaspin, als die Ergebnisse auf seinem Computerbildschirm aufleuchteten. „In der Tat hat sie einen nie zuvor erreichten Verurteilungsrekord in Mordfällen aufgestellt: Es ist der mit Abstand schlechteste im gesamten Bundesstaat." Mit diesen Ergebnissen bewaffnet ließ sich Jaspin einen neuen Termin bei der Kandidatin geben, um sie um eine Stellungnahme zu ihrer früheren Aussage zu bitten.

Dies ist eine wahre Geschichte. Zugetragen hat sie sich in den 80er Jahren, bevor Computer ihren Einzug in viele Nachrichtenredaktionen des Landes hielten und den modernen investigativen Journalismus komplett umkrempelten. Der Computer und die Telekommunikation des 21. Jahrhunderts bringen weitere Neuerungen für Nachrichtenredaktionen und für die investigative Berichterstattung mit sich. Wenn ein Reporter heutzutage während einer Pressekonferenz eine derartige Behauptung hören würde, könnte er mit seinem Notebook und einer drahtlosen Internetverbindung die Fakten im besten Fall umgehend überprüfen und sofort etwaige Folgefragen stellen, solange das Thema noch aktuell ist und nicht Stunden oder vielleicht Tage später, wenn eine eventuell kurz bevorstehende Wahl bereits entschieden ist.

Lernziele

➲ Wie hat sich die Methode der computergestützten Berichterstattung entwickelt?
➲ Welche Vorteile bietet der Einsatz dieser Methode den Journalisten?
➲ Wie stark nutzen Journalisten neue Technologien, wie verändert das Internet ihren Arbeitsalltag?

Die Ursprünge des CAR (Computer-Assisted Reporting, computergestützte Berichterstattung)

Mit computergestützter Berichterstattung (Computer-Assisted Reporting – CAR) ist die Verwendung einer wissenschaftlichen Methode zur Unterstützung der journalistischen Arbeit gemeint. Dazu gehört im Journalismus der Einsatz von Computern, denn nur so können eine große Bandbreite an Datenbankanalysen – einschließlich Analysen von Studien und umfangreichen Materialsammlungen öffentlicher Aufzeichnungen – und umfassende Untersuchungen durchgeführt werden. Die computergestützte Berichterstattung (CAR) ist eines der bedeutendsten Beispiele dafür wie mittels des Computers redaktionelle Abläufe verändert und neu gestaltet wurden. Die CAR trägt dazu bei, dass der Journalismus von einer weitgehend anekdotenhaften und manchmal irreführenden ereignisbasierten Berichterstattung zu einer systematischen und zuverlässigen Analyseform umgestaltet werden kann, mit der Tendenzen und Vorgänge aufgedeckt werden können, die den betreffenden Ereignissen zugrunde liegen.

Der erste größere Durchbruch der CAR fand 1967 statt, als Philip E. Meyer mit seinem Nachrichtenteam, welches den Computer als Recherchetool bei der Berichterstattung einsetzte, für die *Detroit Free Press* einen Pulitzerpreis holte.

Präzisionsjournalismus

Meyer ist auch der Begründer des so genannten „Präzisionsjournalismus", einer Form der Berichterstattung, bei der die Instrumente der Sozialwissenschaften – u. a. Umfragen, statistische Datenanalysen und Interviews – verwendet werden, um soziale Schemata und Phänomene zu erklären und zu beschreiben. *Precision Journalism* ist auch der Titel von Meyers Buch. Meyer setzte diese Art der Berichterstattung erstmals 1967 ein, als er einen Computer verwendete, um die Umfrageergebnisse zu den Meinungen und Beweggründen der Schwarzen während der Bürgerrechtsaufstände in Detroit im Sommer jenes Jahres zu analysieren. Nach den Aufständen war Detroit eine andere Stadt. Die von Meyer geleitete Nachrichtenserie auf der Titelseite zu dem Thema verhalf der *Detroit Free Press* zu ihrem Pulitzerpreis für investigative Berichterstattung.

Eine der größten Herausforderungen, mit denen Meyer und andere CAR-Vorreiter im Laufe der Jahre konfrontiert wurden, ist weder technischer noch finanzieller Natur. Vielmehr widersetzt sich – damals wie heute – die Nachrichtenredaktionskultur häufig einer technologischen Veränderung. Aus Traditionsbewusstsein, aber auch aus Angst vor dem Unbekannten – um nicht von der Skepsis zu reden, die jedem Journalisten eigen ist – haben sich viele erfahrene Redakteure lange neuen Technologien verschlossen. Im Fall der frühen CAR handelte es sich bei den erforderlichen Geräten um Großrechner, und diese gab es nur in der Geschäftswelt, wo sie für Buchhaltung, Rechnungserstellung, Verschlusssachen usw. verwendet wurden.

Auf Meyers richtungweisende Arbeiten folgte 1992 die Computeranalyse des früheren *New York Times*-Reporters David Burnham zur Kriminalität in New York City. Burnham veröffentlichte eine Auflistung des Kriminalitätsaufkommens in New York City geordnet nach Art des Verbrechens und nach Stadtteil. Dies war das erste Mal, dass jemand einen Stadtplan der Kriminalität für Manhattan zusammengestellt hatte. Burnham, Autor preisgekrönter Bücher und Artikel, hat mit seiner Enthüllungsarbeit gemeinsam mit Frank Serpico, einem Drogenfahnder, dessen Aussage weit verbreitete Korruption und Schieberei im *New York City Police Department* offenbarte, fast schon legendären Status erreicht. Serpico wurde im gleichnamigen Film mit Al Pacino verewigt. Burnham war der erste Journalist, der den Computer zum Analysieren öffentlicher Aufzeichnungen einsetzte. Er verwendete den Mainframe-Computer der *New York Times*, um die Daten der Kriminalitätsstatistiken nach Polizeirevier zu ordnen.

Es mussten jedoch weitere 17 Jahre vergehen, bis die CAR der breiten Masse der Journalisten zugänglich wurde. 1989 entwickelte der pulitzerpreisgekrönte Enthüllungsreporter Elliot Jaspin *NineTrack Express*, eine Software für die CAR, mit der Reporter öffentlich zugängliche Daten auf einem PC auswerten können. Jaspins Arbeiten führten zur Gründung des National Institute for Computer Assisted Reporting, das sich an der Universität der Missouri School of Journalism befindet und unter der Schirmherrschaft der Organisation IRE (Investigative Reporters and Editors) steht.

Seit 1989 wurde jeder Pulitzerpreis für investigativen Journalismus einem Journalisten verliehen, dessen Untersuchungen sich auf eine Computerauswertung öffentlich zugänglicher Daten stützen. Eines der bekanntesten Beispiele ist die Untersuchung *The Color of Money* des *Atlanta Journal*, in der nachgewiesen wurde, dass die schwarze Bevölkerung aus dem Raum Atlanta systematisch von Banken diskriminiert wurde, in dem ihnen Darlehen verweigert wurden, die der weißen Bevölkerung des gleichen Raumes routinemäßig bewilligt wurden. Hinzu kam die Weigerung des US-amerikanischen Landwirtschaftsministeriums, schwarzen Farmern Darlehen zu gewähren. Das Sichten großer Mengen von Bankdaten wäre ohne den Einsatz eines Computers nicht möglich gewesen.

Die in den USA mittlerweile weit verbreitete Methode des CAR ist in deutschen Redaktionen bisher oft noch unbekannt. Erst durch das Informationsfreiheitsgesetz aus dem Jahr 2006 ist es jedem Bürger – und damit auch Journalisten – möglich, an Daten von Behörden zu gelangen. Der investigative Journalistenverein Netzwerk Recherche versucht, CAR durch Konferenzen und Workshops in deutschen Redaktionen populärer zu machen.

Eines der bisher noch seltenen Beispiele einer erfolgreichen computer-gestützten Recherche ist die Arbeit von Klaus Liepelt und Haiko Lietz. Im Dezember 2005 veröffentlichten die beiden Journalisten im *Handelsblatt* einen Artikel unter der Headline „Das unsichtbare Netz im Bundestag", der sich mit den sozialen Kontakten der Abgeordneten untereinander beschäftigt. Jenseits der Ausschusssitzungen treffen sie sich auch im Aufsichtsrat, beim Parlaments-Fußball oder auf Geburtstagsfeiern wieder. Diese gemeinsamen Zugänge der Politiker analysierten Liepelt und Lietz mithilfe der Journalistischen Netzwerkanalyse (JNA), um daraus ein grafisches Netzwerk mit Personen-Knotenpunkten zu erstellen. Je größer der Punkt eines Abgeordneten, desto mehr Kontakte hat der Politiker. Hieraus lässt sich ersehen, wer wen beeinflussen kann, aber auch, wer durch welche Einflüsse gesteuert werden könnte. Die Datengrundlage gewannen die Journalisten dank der Geschäftsordnung des Bundestages, welche die Abgeordneten verpflichtet, Beraterverträge, leitende Funktionen in Stiftungen oder Vereinen und ähnliche Tätigkeiten anzugeben.

Journalisten im Cyberspace

So wenig sich die Journalisten in deutschen Redaktionen bislang mit der computergestützten Berichterstattung befassen, so stark vertrauen sie bei der Recherche auf das Internet.

Die repräsentative Befragung „Journalisten in Deutschland II" zeigte, dass Journalisten durchschnittlich etwa 66 Minuten am Tag online recherchieren.[1] Zu ähnlichen Ergebnissen kommt auch die nicht-repräsentative Studie von Machill/Beiler/Zenker „Journalistische Recherche im Internet"[2] aus dem Jahr 2008, die für den Zeitraum 2007 feststellt, dass Journalisten täglich ca. 74 Minuten im Internet recherchieren. Die Studie untersuchte ebenfalls, welche computergestützten Mittel Journalisten bei der Recherche verwenden und wie reflektiert die Online-Recherche stattfindet. Die Ergebnisse bestätigten, was schon lange vermutet wurde: Internetrecherche gehört mittlerweile zum Alltag von Journalisten. Die computergestützten Recherchemittel werden zwar am häufigsten (47 Prozent) gewählt,

---

1 Weischenberg, Siegfried/Malik, Maja/Scholl, Armin (2006): Die Souffleure der Mediengesellschaft. Report über die Journalisten in Deutschland. Konstanz: UVK, S. 268-270.
2 Machill, Marcel/Beiler, Markus/Zenker, Martin (2008): Journalistische Recherche im Internet. Bestandsaufnahme journalistischer Arbeitsweisen in Print, Fernsehen, Radio und Online. Band 60 der Schriftenreihe Medienforschung der Landesanstalt für Medien NRW. Berlin: Vistas.

haben aber die klassischen Recherchemethoden wie beispielsweise das Telefon nicht verdrängt (40,6 Prozent). Neue Quellen im Internet, wie beispielsweise Blogs, werden von den Journalisten als Recherchemittel wenig genutzt. Hier muss allerdings je nach Redaktion differenziert werden; beispielsweise werden Blogs in Internetredaktionen häufiger gelesen als in anderen Redaktionen, wie eine Studie von Neuberger/Nuernbergk/ Rischke feststellte, bei der in einer Vollerhebung die Leiter von Nachrichtenredaktionen allgemein und, in einer zweiten Welle, speziell von Internetredaktionen in Deutschland befragt wurden.[3]

Trotz der Vielfalt des Angebots von Recherche-Quellen im Internet beschränkt sich die journalistische Aufmerksamkeit tatsächlich auf wenige, ausgewählte Internetangebote, wie diese Studie feststellt: Wikipedia wird von 80 Prozent aller Redaktionen als Nachschlagewerk für Hintergrundwissen genutzt. Dabei stehen Journalisten der Recherchequelle relativ unkritisch gegenüber; mehr als vier Fünftel (83 Prozent) halten Wikipedia „meistens" für zuverlässig. Ob sich dies nach spektakulären Fehlinformationen aus der Wikipedia-Recherche, wie der Falschinformation zum Vornamen des neuen Wirtschaftsministers Guttenberg Anfang 2009, ändern wird, ist eine offene Frage; zumindest eine Sensibilisierung deutet sich in diesem Bereich an.[4] Eine hohe Abhängigkeit besteht gegenüber der Suchmaschine Google, die in 99 Prozent aller Redaktionen diejenige Suchmaschine ist, die am häufigsten genutzt wird. Wie die Ergebnisse von Suchmaschinen zustande kommen ist weniger bekannt: Die Befragung zeigt, dass nur ein Viertel (26 Prozent) der Befragten davon ausgeht, dass es kein Defizit bei der Suchmaschinen-Kompetenz der Mitarbeiter gibt. Trotzdem ist die Frage, wie ein kompetenter Umgang mit Suchmaschinen aussehen könnte, nur bei einem Drittel der befragten

---

3 Neuberger, Christoph/Nuernbergk, Christian/Rischke, Melanie (2009): „Googleisierung" oder neue Quellen im Netz? Anbieterbefragung III: Journalistische Recherche im Internet. In: Neuberger, Christoph/Nuernbergk, Christian/Rischke, Melanie (Hrsg.): Journalismus im Internet: Profession-Partizipation-Technisierung. Wiesbaden: VS: Verlag für Sozialwissenschaften, S. 295-334.

4 Fast alle deutschen Medien waren im Februar 2009 auf den „falschen Wilhelm" unter den Vornamen des neuen Wirtschaftsministers Guttenberg, der in Wikipedia aus Testzwecken ergänzt wurde, hereingefallen. Medienvertreter gestanden anschließend ein, sich zu unkritisch auf Wikipedia als Recherchequelle verlassen zu haben: http://www.spiegel.de/politik/deutschland/0,1518,606912,00.html

Redaktionen (33 Prozent) schon in eine Redaktionskonferenz oder in einer hausinternen Weiterbildung thematisiert worden. Eindeutig ist, dass die computergestützte Recherche neben die traditionelle journalistische Recherche getreten ist. Das Internet gewinnt vor allem dort, wo effizienter recherchiert werden kann und sich neue, bisher unzugängliche Recherche-Möglichkeiten eröffnen. Im Alltag werden viele Potenziale der Internet-Recherche aber noch unzureichend genutzt; durch die Erweiterung der Kompetenzen in Aus- und Weiterbildung können diese Potenziale in Zukunft innovativ genutzt werden.

Zusammenfassung

Der Einsatz von Computern und des Internets hat die Recherchemöglichkeiten für Journalisten revolutioniert. Den Rechercheuren sind nicht nur Daten leichter zugänglich, sie sind auch leichter zu überprüfen. Die Geschichte der computergestützten Berichterstattung ist schon über vierzig Jahre alt und begann damit lange vor der Existenz des Internets. Die Ergebnisse der damaligen Pionierarbeit in den USA werden jedoch erst heute in Deutschland vermehrt wahrgenommen. Die Recherche in Datenmaterial von Behörden ist etwa erst durch das Informationsfreiheitsgesetz aus dem Jahre 2006 möglich geworden. Die neuen vielfältigen Möglichkeiten, die CAR bietet, werden in Deutschland bisher nur wenig genutzt. Einige journalistische Ausbildungsstätten haben die Relevanz der neuen Recherchemethode erkannt und bieten Aus- und Weiterbildung an. Prinzipiell ist es möglich, in allen Redaktionen Themen mit CAR-Methoden investigativ zu recherchieren und damit die Qualität der Berichterstattung zu verbessern.

Weiterführende Literatur

Houston, Brant (2003): Computer Assisted Reporting. A Practical Guide. New York: St. Martin's.
Meyer, Phillip (2002): Precision Journalism: A Reporter's Introduction to Social Science Methods. Lanham: Rowman & Littlefield Publishers.

Neuberger, Christoph/Nuernbergk, Christian/Rischke, Melanie (Hrsg.) (2009): Journalismus im Internet: Profession-Partizipation-Technisierung. Wiesbaden: VS Verlag.
Redelfs, Manfred (1996): Investigative Reporting in den USA. Strukturen eines Journalismus der Machtkontrolle. Opladen: Westdeutscher Verlag.
Redelfs, Manfred (2003): Recherche mit Hindernissen: Investigativer Journalismus in Deutschland und in den USA. In: Langenbucher, Wolfgang R. (Hrsg.): Die Kommunikationsfreiheit der Gesellschaft. Die demokratischen Funktionen eines Grundrechts. Wiesbaden: Westdeutscher Verlag, S. 208-238.

Kapitel 8: Innovationen bei der Recherche II: Herausforderungen an den Journalisten Sichtweisen der Praxis (Marcus Lindemann)

Sonntagmorgen, 1. Januar 2006. Während andere Arbeitnehmer nach einer langen Silvesternacht gerade erst ins Bett gegangen sind und viele etwas zu viel getrunken haben, ist in vielen Redaktionsstuben bereits wieder Betrieb. Nur zu gerne würde man es der Notbesetzung der Redaktionen, dem Alkoholgenuss oder der Katerstimmung zuschreiben, was in den ersten Arbeitsstunden zahlreicher Journalisten an diesem ersten Arbeitstag 2006 passiert: Der „Bund deutscher Juristen" (BDJ) setzt eine Pressemitteilung in die Welt. Man unterstütze, heißt es dort, die Folterforderung von Bundesinnenminister Schäuble. Hintergrund: 2002 war der Bankierssohn Jakob von Metzler ermordet worden, 2004 wurde der stellvertretende Frankfurter Polizeipräsident Wolfgang Daschner verurteilt, weil er dem Mörder Folter androhen ließ. Auf Kuba haben die Amerikaner Guantanamo eingerichtet, Bundesinnenminister Schäuble fordert immer härtere Strafen und höhlt den Datenschutz zugunsten der Strafverfolger aus – die Pressemeldung passte scheinbar in die Zeit. *AP* schickt die Meldung um 10.43 Uhr in die Redaktionen. Zahlreiche Medien übernehmen sie, darunter *Spiegel Online*. Die Grünen-Geschäftsführerin Steffi Lemke fordert den Rücktritt des BDJ-Vorsitzenden und vermeintlichen Bundesrichters.

Amüsant. Ein Scherz ohne Anlass, auch wenn nicht erster April ist: Wer auch immer den „Bund deutscher Juristen" erfunden hat, er hat den Berufsstand der Journalisten vorgeführt, denn eine solche Vereinigung existiert nicht. Immerhin schafft es die Meldung kaum in die gedruckten Medien. Lediglich der *Berliner Kurier* übernimmt die Meldung noch für seine Print-Ausgabe vom 2. Januar, obwohl *Spiegel Online* schon am Tag zuvor berichtet hatte, dass man auf eine Falschmeldung reingefallen sei. Doch davon abgesehen? Die vielbeschworenen „Qualitätsmedien" haben es doch hingekriegt, und nun ja, am Vormittag des Neujahrstages, da kann doch schon mal ...

Lernziele

⊃ Welche Probleme und Chancen entstehen durch das Internet für Journalisten?
⊃ Welcher Herausforderungen bringen juristische Neuregelungen mit sich?
⊃ Welche innovativen Recherchemöglichkeiten eröffnen computergestützte Methoden?

Es soll im Weiteren nicht um Katerstimmung gehen, sondern um systematische Mängel, die in der Online-Recherche und im Umgang mit dem Internet in Erscheinung treten. Und um die Pflege einer journalistischen Tugend, der Skepsis. Wenn die Redaktion Glück hat, stolpert werktags ein Kollege über diese Ente oder aber ein Redakteur kommt auf die Idee, kurz nachzuhaken, etwa bei einem Kollegen, der öfter mit juristischen Themen zu tun hat oder im eigenen Archiv.

Doch was ist von einem Berufsstand zu halten, der sich auf Zufälle verlässt, statt Fehler systematisch zu vermeiden? Der Journalist Albrecht Ude hat einmal sehr treffend darauf aufmerksam gemacht, dass der Umgang mit dem „Bund deutscher Juristen" offenbart, dass es in deutschen Redaktionsstuben keinerlei Ansätze gibt, solche Fehler systematisch zu vermeiden. Dabei ist es ganz einfach (siehe Kasten). Mit etwas Handwerkszeug lassen sich solche Enten auch feiertags in Katerlaune und mit wenig Zeitaufwand vermeiden. So einfach das wäre, so schwer ist es, Journalisten in Deutschland dafür zu interessieren. Das beginnt bei der Ignoranz und Arroganz, sich nicht tiefergehend mit dem Internet beschäftigen zu wollen, und endet bei einem journalistischen Selbstverständnis, in dem Recherche ohnehin kein zwingender Bestandteil ist. Journalisten aller Generationen sitzen heute in der Falle, zu wenig über Internetrecherche zu wissen und dies zugleich nicht mehr zugeben zu können – so wie es auch bei der Offline-Recherche verpönt ist, diese in Seminaren lernen und üben zu wollen. „Kannste das etwa nicht?" könnte schließlich der hämische Kommentar der Kollegen lauten.

Dass deutsche Rechercheure zudem lieber von ihren eigenen Geschichten und den eigenen guten Kontakten erzählen, als ihr eigenes Tun zu analysieren und methodisch vermittelbar zu machen, trägt nicht dazu bei, diese Situation zu verbessern. Daraus lässt sich der Schluss ziehen, dass Journalisten mit der Entwicklung der neuen Medien nicht Schritt gehalten haben. Dadurch, also durch technische Innovation, sind qualitative Defizite entstanden, deren Kompensation zunehmend schwerer fällt.

15 Minuten Quellen-Check

Viele Kollegen neigen dazu, aus Misstrauen ganz auf das Netz zu verzichten, statt die Qualität der Quellen zu betrachten und nach dieser zu differenzieren. Unsereins findet das kurios, denn offline haben nahezu alle Journalisten eine Vielzahl von Kriterien, anhand derer sie Quellen beurteilen – online wird dann aber doch gerne alles in einen Topf geworfen. Wer das kritisiert, bekommt zu hören, dass doch selbst in der *Wikipedia* Fehler seien. So what! Selbst in der *Encyclopedia Britannica* gibt es Fehler, und vermutlich wurde schon in Keilschrift gelogen – Lüge und Qualität von Informationen sind keine Frage ihres Verbreitungsmediums.

Genug der Vorrede. Hier soll es darum gehen, wie man systematisch Informationen sammelt, um in – sagen wir – 15 Minuten etwas über eine Website herauszufinden.

Schritt 1:
Der erste Eindruck: Rechtschreibfehler, Grammatik, Stil – das funktioniert bei den meisten Journalisten noch intuitiv. Wer auf einer Site nach Informationen zu Wirtschaft und Recht sucht und über Rechtschreibfehler stolpert, wird die Qualität der Information anzweifeln. Wer dagegen auf der Suche nach jugendlichen Hip-Hopern ist oder Kontakte in die Graffiti-Szene sucht, wird die Fehler als Zeichen von Authentizität werten.

(Übung: Achten Sie einmal in Verbraucherforen darauf, wie oft dort Begriffe verwendet werden, die Sie noch nie gehört haben und die vermutlich nur der Hersteller und der Verfasser der Bedienungsanleitung kennen!) So weit, so trivial.

Schritt 2:
Der Blick ins Impressum: Eigentlich sollte das mit ein bis zwei Klicks von der Startseite aus erreichbar sein. Funktioniert das nicht oder ist der Link gut versteckt, hilft folgender Suchbefehl bei Google:
1) Impressum und vollständiger Firmenname, oder
2) Impressum: site:http:www.zu-untersuchende-Seite.de

Schritt 3:
Stimmen die Infos aus dem Impressum? Wer hat die Site offiziell angemeldet? Für .de-Domains kann man das bei www.denic.de schnell überprüfen, für internationale Seiten hilft meist ein who-is-Dienst wie zum Beispiel www.whois.net. Nützt das nichts, kann man bei einer zentralen Stelle für jeden Kontinent nachschlagen (siehe http://de.wikipedia.org/wiki/Regional_Internet_Registry).

Der Who-is-Eintrag zur Site www.bunddeutscherjuristen.org enthält u. a. diese Informationen:

Registry Data Created: 2005-12-28
Die Site wurde also erst drei Tage vor der Veröffentlichung der Meldung erstellt!

Schritt 4:
Der Bedeutung nach sollte dieser Schritt eigentlich an zweiter Stelle stehen, denn es gibt nicht allzu viele Fälle, in denen man wirklich Brisantes im Who-is-Eintrag findet. Spannender ist die Frage, wer auf die zu untersuchende Site verlinkt hat. Doch wie kriegt man das raus? Einfacher als man denkt. Nämlich zum Beispiel bei *Google:* link:www.zu-untersuchende-Site.de

Wenn Sie nun denken, das ist doch nur Theorie und bringt Ihnen in der Praxis nichts, dann gehen Sie die vier Punkte doch mal am Beispiel einer der beiden Domains durch:
www.martinlutherking.org oder www.kath.net

Viel wäre gewonnen, wenn es in den Redaktionen einen methodischen Zugang zu Online-Medien gäbe, statt immer nur über die Unzulänglichkeiten des Internets zu klagen. Das wäre noch nicht innovativ, aber ein großer Fortschritt. Hier fehlt es nicht an Methoden, sondern an deren Verbreitung und Anwendung. Offline würde niemand einen Stammtisch, eine Pressekonferenz und einen recherchierten Hintergrundbericht als Quellen ähnlicher Qualität bewerten; bei der Bewertung von Online-Quellen ist dies gang und gäbe.

Wer Internetrecherche ohne dogmatische Vorbehalte nutzen will, kann schnell lernen, die häufigsten Fehler bei der Online-Recherche zu vermeiden. Darüber hinaus lassen sich ungenutzte Potenziale der Internetrecherche oder genereller: computergestützter Recherche erschließen. Das ist auch jetzt, in Zeiten, in denen jeder deutsche Journalist täglich „im Internet recherchiert" noch eine Marktlücke.

Minimalkanon der Internetkenntnisse für Rechercheure

- Syntax und Funktionsweise von Suchmaschinen
- Bewertung von Online-Quellen
- Strategien, um die Zahl der Treffer zu reduzieren, Ergebnisse einzugrenzen
- Methodisches Vorgehen statt Fleißarbeit, denn Fleiß statt Methode führt zu Fehlern
- Systematisches Abarbeiten von Trefferlisten
- Finden der eigenen Suchbegriffe auf den Trefferseiten
- Einsatz der site-spezifischen Suche
- Recherchefragen erkennen, die offline gelöst werden müssen; effiziente Kombination von On- und Offline-Recherche
- Erschließen von Quellen des „deep web" (die google und andere Suchmaschinen bislang noch nicht finden)

Die Nutzung von Computer und Internet bietet ein enormes Potenzial zur Verbesserung journalistischer Qualität. Doch bislang wird das allenfalls zur Effizienzsteigerung genutzt. Schlimmer noch: Lesern, Hörern und Zuschauern werden mangelhafte journalistische Produkte vorgesetzt,

deren Mängel eine direkte Folge der Internetnutzung ihrer Urheber, der Journalisten, sind.
Bei gleich bleibenden ökonomischen Rahmenbedingungen können Effizienzsteigerungen aber auch dazu genutzt werden, mehr zu recherchieren. Alleine das kann schon helfen zwei Grundmängel journalistischer (Recherche-)Arbeit zu minimieren:

- Erstens: Die unüberprüfte Publikation von Meldungen und Artikeln, die keiner simplen Überprüfungsrecherche standhalten und zum Teil sogar in sich derart widersprüchlich sind, dass sie geradezu zur Recherche einladen (für Beispiele aus taz, Handelsblatt und tagesschau.de siehe www.recherche-info.de, Kategorie: watchdog).
- Zweitens: Die Zahl von Berichten, denen nur eine einzige Quelle zugrunde liegt, könnte drastisch sinken, wenn Redakteure soviel Zeit hinzugewännen, dass sie Zeit für zumindest kurze Ergänzungsrecherchen fänden. Diese ist übrigens dank des Internets heute viel schneller und umfangreicher zu leisten.

Innovation bedeutet also nicht nur technischen Fortschritt: Die neuen Möglichkeiten müssen auch durch solides Handwerk sorgfältig genutzt werden. Aber leider tut sich unsere Zunft auch schwer, wenn es darum geht, veränderte Rahmenbedingungen für sich zu nutzen oder zumindest angemessen darauf zu reagieren.

Mehr Rechte für Rechercheure

Während die Durchsuchung von Redaktionsräumen, die Beschlagnahme von Festplatten (Fall Cicero[1]) und die Vorratsdatenspeicherung für aufgeregte Debatten weit über die Branche hinaus gesorgt haben, hat sich

---

1   Die Staatsanwaltschaft Potsdam ließ im September 2005 die Redaktionsräume des Magazins *Cicero* durchsuchen. Der Journalist Bruno Schirra hatte in der April-Ausgabe in einem Artikel über einen jordanischen Terroristen Informationen aus vertraulichen Akten des Bundeskriminalamts zitiert. Schirra und Cicero-Chefredakteur Wolfram Weimer wurde Beihilfe zum Geheimnisverrat vorgeworfen. Das Bundesverfassungsgericht urteilte 2007, die Durchsuchung sei verfassungswidrig gewesen, weil sie einen erheblichen Eingriff in die Pressefreiheit dargestellt habe.

kaum ein Journalist damit beschäftigt, wie er denn seine (digitalen) Quellen in diesen Zeiten effektiv schützt. Informanten sind heute verraten und verkauft, wenn sie darauf vertrauen, ihre E-Mail-Korrespondenz oder gar Dokumente seien bei Journalisten in guten Händen.

Aber auch dort, wo unsere Rechte nicht eingeschränkt, sondern drastisch erweitert worden sind, agieren wir nur zögerlich, wenn nicht sogar „schnarchnasig". Seit Anfang 2006 gibt es auf Bundesebene ein Informationsfreiheitsgesetz; daneben haben zehn von 16 Bundesländern (Stand Ende 2008) die Akteneinsicht auf Landesebene zum Gesetz gemacht. Abgesehen davon, dass die meisten Journalisten diese Gesetze nicht kennen, ist die Zahl derer, die sie nutzen, überschaubar. Ein Fortbildungsdefizit gibt es darüber hinaus auch bei der Nutzung von Auskunftsrechten, die schon länger existieren, namentlich des Umweltinformationsgesetzes und der Auskunftsrechte nach den jeweiligen Landespressegesetzen. Unzählige Journalisten lassen sich mit dem Hinweis auf ein „laufendes Verfahren" abspeisen, obwohl es hierzu einschlägige Urteile gibt, die auch Staatsanwälte zwingen, mehr preis zu geben als ihnen lieb ist.

Eine aktivere Nutzung dieser Rechte würde uns auch in eine bessere Position bringen, wenn es darum geht, methodische Innovationen aus anderen Ländern auf Deutschland zu übertragen. In den USA und Skandinavien gibt es diese umfangreichen Auskunftsrechte zum Teil schon wesentlich länger. Dort hat sich ein eigener Methodikzweig der Recherche entwickelt: Computer-Assisted Reporting (CAR). Neben einzelnen Dokumenten und Akten werden dort nämlich regelmäßig auch große Datensätze von den Journalisten abgefragt und dann analysiert.

CAR schaut EU-Abgeordneten auf die Finger

Ein Beispiel für erfolgreiche computergestützte Recherche kommt aus den Niederlanden. Dick van Eijk, Journalist des *NRC Handelsblad*, untersuchte die Anwesenheit und das Wahlverhalten der Mitglieder des Europäischen Parlaments im Jahr 2004. Grundlage war eine Analyse der vom Europäischen Parlament herausgegebenen Abstimmungs- und Anwesenheitsdaten der einzelnen Abgeordneten. Diese sind öffentliche Dokumente und können von jedem Internetnutzer online herunter geladen werden. Durch die Auswertung mittels Computer sahen die Journalisten nicht nur, welche Politiker auch bei wichtigen Abstimmungen durch Abwesenheit glänzten, sondern welche Politiker trotz Anwesenheit nicht mit abstimmten. Da der Artikel vor den anstehenden Wahlen im Europaparlament erschien, konnten die Leser und Wähler ihre Stimme nicht nur nach Sympathie, sondern auch Engagement und Abstimmungsverhalten der zur Wahl stehenden Parlamentarier vergeben. Außerdem zeigten die Daten, dass die Machtverteilung im Parlament nicht mit der Anzahl der Abgeordneten, sondern mit deren Engagement zusammenhängt. So haben die Vertreter der Niederlande trotz ihrer relativ geringen Zahl verhältnismäßig viel Einfluss, da sie häufiger an Sitzungen und Abstimmungen teilnehmen.

Ausblick: Umgang mit Ressourcen – für einen „nachhaltigen" Journalismus

Was machen wir Journalisten eigentlich den ganzen Tag? Die meisten bauen Seiten, redigieren Meldungen und lesen sich in die Themen ein, über die sie berichten oder die sie kommentieren sollen. Und alle klagen sie mit etwas Reflexion über die Kurzatmigkeit dieses Alltags. Ansonsten jedoch erklären sie einem all die Details ihres redaktionellen Konzepts: Warum es so wichtig ist, dass eine Nachrichtenagentur eine Meldung Minuten vor der anderen bringt – auch wenn den meisten Kunden das egal ist, weil sie erst Stunden später Redaktionsschluss haben. Welchen anderen Zugang das eigene Format hat und weswegen man deswegen aus allen Meldungen eigene Nachrichten machen müsse. Warum jedem Politiker vor den Sitzungsräumen des politischen Berlins nicht ein oder zwei, sondern zwei Dutzend Mikrofone entgegengestreckt werden.

Hier ist sogar die Grenze der puren Ressourcenvergeudung überschritten, wir stehen einander im Weg. Die Hektik des Alltags mag ihre Rechtfertigung dort haben, wo Aktualität vor Qualität geht – etwa bei Online-Newstickern oder meinetwegen noch bei Radiosendern. Aber ansonsten?

In den ARD-Schaltkonferenzen sprechen die Redakteure von „Millimeterbewegungen", wenn sie über eine aktuelle Nachricht nicht berichten wollen. Gemeint sind damit Debatten, die sich von Tag zu Tag, von

Stellungnahme zu Stellungnahme schleppen, ohne dass es inhaltlich voran geht. Wenn man die Nicht-Berichterstattung über Unwichtiges oder nur scheinbar Wichtiges zum Prinzip machen würde, wäre viel gewonnen: Ohne Inhalt keine Berichterstattung – so genannte „Sprechblasen" müssten aussterben. Verstehen wird der Leser ohnehin mehr, wenn er die Ereignisse einer turbulenten politischen Woche zusammengefasst und analysiert vorgesetzt bekommt und sie sich nicht aus Meldungen und kleineren Artikeln selbst zusammensetzen muss. Diese Medienkritik führt leider nicht weit – wer im Hamsterrad läuft, kann nicht anhalten, um zu erkennen, dass das Rad sich im Kreis dreht, es aber nicht vorankommt.

Dennoch gibt es noch genug Gründe zu glauben, dass Qualität sich lohnt – ökonomisch und für die Leser, Hörer und Zuschauer allemal. Es ist geradezu kurios, dass sich als Folge des ökonomischen Drucks im Allgemeinen und der so genannten Medienkrise im Speziellen alle Betriebswirte in Verlagen und Sendern immer nur damit beschäftigt haben, wie man mit weniger Ressourcen das gleiche Ziel erreichen kann. Dabei ist das ja nur die eine Maximierungsoption des ökonomischen Prinzips. Dass sich Betriebswirte nicht daran gewagt haben, die Produkte der Sender und Verlage zu verändern, brachte ihnen zugleich den Ruf ein, Zeitungen wie Waschpulver oder ein anderes x-beliebiges Produkt zu behandeln. Wirklich innovativ wäre etwas anderes: Mit den gleichen Ressourcen ein besseres Produkt zu machen, ist aus journalistischer Sicht reizvoller. Dazu müssen Ressourcen umverteilt werden. Auch das wäre eine Innovation – eine im Redaktionsmanagement.

Innovative Journalisten, wie zum Beispiel die Chefredakteurin des *rbb*, Claudia Nothelle, haben die Chance erkannt, die darin liegt, Journalisten, die am gleichen Tag das gleiche Thema (z.B.: für verschiedene Hörfunkwellen) bearbeiten, anders einzusetzen. Ob es ihr gelingt, den Abzug von Ressourcen ohne qualitative Einbußen zu organisieren, ist die eine Frage – auf das Scheitern vieler Cross-Media-Projekte sei hingewiesen. Doch wenn es gelingt, eröffnet sich eine Riesenchance: jenseits der Kurzatmigkeit des aktuellen Geschäfts mit einem Journalismus aufzuwarten, der besser informiert, hintergründiger und tiefgehender ist, dessen Recherche mitunter auch eigene Erkenntnisse aus eigener Recherche hervorbringt. Denn, machen wir uns nichts vor, Recherche ist eine Marktlücke.

Zusammenfassung

Im Bereich der Recherche ergeben sich viele neue Möglichkeiten für Journalisten, die derzeit noch unzureichend genutzt werden. Oft hilft schon ein gründlicher Online-Quellencheck, ein kompetenter Umgang mit Suchmaschinen. Vor allem aber CAR (Computer-Assisted Reporting) kann helfen, in größerem Umfang investigativ zu arbeiten, als es noch im analogen Zeitalter möglich war. Diese Möglichkeiten zu erkennen und auch zu nutzen, ist die gemeinschaftliche Aufgabe von innovativ arbeitenden Journalisten und einem innovativen Redaktionsmanagement.

Weiterführende Literatur

Cario, Ingmar (2006): Die Deutschland-Ermittler. Investigativer Journalismus und die Methoden der Macher. Berlin: Lit-Verlag.
Houston, Brant (2003): Computer Assisted Reporting: A Practical Guide, Bedford Books.
Nagel, Lars M. (2008): Bedingt ermittlungsbereit: Investigativer Journalismus in Deutschland und in den USA. Münster: Lit-Verlag.
Neuberger, Christoph/Welker, Martin (2008): Journalistische Recherche: Konzeptlos im Netz. In: Zerfaß, Ansgar/Welker, Martin/Schmidt, Jan (Hrsg.): Kommunikation, Partizipation und Wirkungen im Social Web. Band 2: Strategien und Anwendungen: Perspektiven für Wirtschaft, Politik und Publizistik. Köln: von Halem (=Neue Schriften zur Online-Forschung, 3), S. 19-46.
Redelfs, Manfred (2001): Computer-Assisted Reporting als neue Form der Recherche – von Dirty Dining bis Redlining. In: Kleinsteuber, Hans J. (Hrsg.): Aktuelle Medientrends in den USA. Journalismus, politische Kommunikation und Medien im Zeitalter der Digitalisierung. Wiesbaden: Westdeutscher Verlag, S. 140-153.
Redelfs, Manfred (2005): Recherche. In: Weischenberg, Siegfried/Kleinsteuber Hans J./Pörksen, Bernhard (Hrsg.): Handbuch Journalismus und Medien. Konstanz: UVK, S. 390-394.
Umfangreiches Material, Literaturlisten zu CAR auf www.ire.org

Kapitel 9: Medieninnovations-Management: Journalistische Innovationen aus der Bedürfnisperspektive
Sichtweisen der Praxis (Soheil Dastyari)

Von der Arbeit nach Hause – und zwischendurch schnell noch zum Supermarkt. Die Einkaufsliste ist schon auf dem Handy, sie kommt per SMS von der eigenen Zeitschrift. Die Marke begleitet den Nutzer überall und jederzeit – im Idealfall wird der Nutzer mit einer ausdifferenzierten Angebotspalette von Zusatzdiensten versorgt.

Ob der mobile *Brigitte* Diät-Coach, die *View*-Fotocommunity im Internet, das *ebay*-Magazin, die Erlebnismesse *Eat'n Style*, das *Eltern*-Familiennetz, das *GEO*-Themenlexikon oder das Graumarktportal von *Boerse Online* – in Anbetracht der veränderten Medienlandschaft setzen Verlage auf neue Wege, um neue Zielgruppen zu erreichen.

Vor allem Gruner+Jahr hat sich unter dem Motto *Expand Your Brand* zum Ziel gesetzt, die Chancen der zunehmenden Mediendiversifikation und der damit einhergehenden Veränderungen der Medienaneignung zu nutzen. Ausgehend von den Kompetenzen etablierter Print-Marken wie etwa *Stern*, *Brigitte* oder *Capital* werden neue Angebote in neuen Medien-Kanälen geschaffen. Sie sind als konsequente Fortentwicklung zu verstehen, da sie ebenso wie die Print-Magazine rund um Lebens- und Interessensbereiche der Menschen mediale Angebote schaffen, die informieren, orientieren und inspirieren – ob nun als Zeitschrift, mobiler Dienst, Publikumsmesse oder Internet-Site.

Lernziele

◌ Vor welchen Herausforderungen stehen Journalisten und Medienmanager im digitalen Zeitalter hinsichtlich der Entwicklung und Vermarktung neuer journalistischer Produkte?

○ Wie haben sich die Anforderungen an Medien-Marken, insbesondere bei Neueinführungen, gewandelt?
○ Wie lassen sich auch in einem hoch kompetitiven Medienmarkt neue Zielgruppen ansprechen und binden?

Der Markt der Printmedien verfügte viele Jahrzehnte lang über ein natürliches Wachstum. Es handelte sich um einen Markt, der insbesondere im journalistisch höherwertigen Segment von Verlegerpersönlichkeiten und außerordentlichen Journalisten geprägt war. Durch sie wurden neue Segmente entdeckt und besetzt, Bedürfnisse geweckt und entwickelt sowie bereits etablierte Medien-Marken durch Line-Extensions erweitert. Es war damals gut möglich, durch Magazineinführungen Themen- bzw. Interessensgebiete potentieller Leser als Erster und damit für einen gewissen Zeitraum als Einziger zu besetzen – so wie zum Beispiel die 1972 gegründete Zeitschrift *essen&trinken*, die als erstes Medium neben Kochbüchern der Welt der Kulinarik ein Zuhause gab und dabei nicht nur durch immer wieder neue Rezepte zum Kochen inspirierte, sondern auch dem Thema „Kochen und Genuss" in Deutschland eine neue Bedeutung verlieh.

Jedoch nicht nur das Entdecken neuer Segmente brachte Erfolg. Die Zielgruppen bereits bestehender Segmente durch neue journalistische Perspektiven auf bereits besetzte Themenbereiche signifikant zu vergrößern, war ein mindestens ebenso erfolgreicher Weg. Für das erwähnte Segment der Kochzeitschriften gelang das etwa der Line-Extension *essen&trinken Für jeden Tag*, deren erste Ausgabe 2003 erschien. Im Duett mit Tim Mälzer wurde das Thema „zu Hause kochen" durch eine junge, unkomplizierte Herangehensweise demokratisiert, und neue Leser konnten gewonnen werden.

Eine noch weiter reichende Segmenterweiterung gelang dem 1994 aus Frankreich adaptierten Premium-Peoplemagazin *Gala*. Das bis dato durch *Bunte* dominierte, traditionell von älteren, konservativen Leserinnen favorisierte Segment der so genannten Klatsch-Presse wurde durch eine journalistisch hochwertige, positive Berichterstattung mit dem Fokus auf internationale Stars ergänzt und so bis heute stetig erweitert. Es gelang *Gala* erstmals, trendbewusste, aufgeschlossene Frauen für das Segment zu begeistern und auf diesem Wege hochwertige Premium-Marken als Anzeigenkunden an sich zu binden. Das machte das People-

Segment nicht nur zu einem der am stärksten wachsenden Teilmärkte. Es führte auch zu weiteren Ausdifferenzierungen, wie etwa durch die jungen Gesellschaftstitel *InTouch* oder *In* und das Mode/Beauty-Magazin *Instyle*, das geschickt People- und Modeberichterstattung verknüpft, die wiederum zu neuerlichem Segment-Wachstum beitrugen.

Das Gespür und Geschick einzelner innovativer Journalisten oder Verleger war meist die Initialzündung neuer Print-Produkte, die in der Summe zu einem stabilen Wachstumsmarkt führten – was wiederum die Innovationsbereitschaft seitens der Verlage erhöhte und Raum für Visionen und Missionen schuf: Ein sich positiv dynamisierender Kreislauf, der vor allem das Print-Magazin-Segment bis heute zur spannendsten und journalistisch bedeutendsten Mediengattung gemacht hat.

Basierend auf dieser gesellschaftlichen Relevanz waren Print-Neueinführungen eine hohe Aufmerksamkeit garantiert. Dies führt bis heute zu einer unbewussten Relativierung der Bedeutung und Wirkung von Marketingkommunikation auf der Seite der Verlage. Neue Magazine wurden und werden bis heute ähnlich wie Kinofilme in den Markt eingeführt: Der Erscheinungstermin definiert den Höhepunkt und gleichzeitig auch das Ende aller größeren Marketingaktivitäten – davon ausgehend, dass ab dem Erscheinungstag das Produkt für sich spricht und die hohe Aufmerksamkeit einen kaum beeinflussbaren positiven oder negativen Talk-About-Effekt nach sich zieht. Ausgehend von dieser Einschätzung beschränken sich die Marketingbemühungen rund um Magazin-Neueinführungen hauptsächlich auf punktuelle, produktgetriebene Announcement-Kommunikation.

Obwohl die Medienindustrie seit Jahren bezüglich der branchenbezogenen Medienausgaben unter den ersten drei des Landes rangiert, sind die entsprechenden Kommunikationskampagnen bei Kreativitäts- oder Effizienzpreisverleihungen kaum zu finden.

Die beschriebene Fokussierung auf kurzfristige Einführungs-Kampagnen, die in der Regel aus dem jeweiligen Cover, einer Verkaufszeile und einem thematisch passenden Fond bestehen, sowie das Fehlen markenorientierter und damit langfristiger Imagekampagnen ist sicherlich einer der Gründe. Wenige Ausnahmen, wie etwa die national und international prämierte „Dahinter steckt immer ein kluger Kopf"-Kampagne der *Frankfurter Allgemeinen Zeitung*, beweisen, dass es auch anders geht.

Bedingt durch die rasante Entwicklung der digitalen Medien in den letzten Jahren, die stark zunehmende Mediendichte und die damit einhergehende Veränderung der Mediennutzung haben sich die Bedeutung, der Bedarf und die Bedingungen bezüglich Innovationen und der damit einhergehenden Marketing- und Kommunikationsmaßnahmen stark gewandelt. Der Print-Markt hat sich von einem Wachstums- zu einem Verdrängungsmarkt entwickelt. Neue Segmente zu eröffnen oder bestehende signifikant zu erweitern – das wird aufgrund der Marktdichte immer schwieriger. Zumal ist das Konvergenz-Medium Internet durch seine akzelerative Innovationsfrequenz professioneller wie non-professioneller Angebote zunehmend schnell und umfassend in der Lage, unterschiedlichste Themengebiete inhaltlich zu bedienen und mit funktionalen Dienstleistungen zu verbinden.

Diese Entwicklung geht mit einer erhöhten Mediendichte und einer durch technische Neuerungen bedingten Flexibilisierung der Mediennutzung einher, die in einer bisher so noch nicht da gewesenen Ubiquität medialer Informationen mündet. Medieninhalte der verschiedenen Mediengattungen werden dabei in der Summe zunehmend inflationär und bedingen eine Relativierung jedes einzelnen Mediums und seiner Gattung. Bezogen auf Medien-Innovationen resultiert daraus die Notwendigkeit einer wesentlich kontextuelleren und bedürfnisbezogeneren Steuerung, sowie einer strategischen Planung, die Marktbedingungen, Produzenteninteressen und Nutzerbedürfnisse stärker berücksichtigt und in Einklang bringt.

Demzufolge sollte Innovation im Journalismus, anders als bisher, als ein ganzheitlicher Entwicklungsprozess und weniger als ein spontaneruptiver, kaum steuerbarer Kreativprozess verstanden werden. Welche Aspekte im Rahmen der Entwicklung von Medien-Innovationen berücksichtigt werden sollten und welche Grundgedanken dieser Perspektive zugrunde liegen, soll im Folgenden kurz erläutert werden.

Innovation als Markenentwicklung im Medienbereich

Marke wird oft als das missverstanden, was gemeinhin mit dem Begriff „Zusatznutzen" beschrieben wird. Dabei wird davon ausgegangen, dass eine Produktleistung besteht, welche – ergänzt durch emotionalen Zusatznutzen – in der Summe eine Marke ergibt, wodurch dann angeblich eine Markenwirkung, das Image, resultiert. Diese sehr einseitige Perspektive auf Marke ist nicht mehr zeitgemäß und wird vor allem den Medienmarken nicht gerecht.

So wie Menschen zu anderen Menschen Beziehungen haben, unterhalten sie auch Beziehungen zu Marken. Nahezu jeder Aspekt zwischenmenschlicher Beziehung lässt sich im Verhältnis der Menschen zu Marken wieder finden. So ist der nette Patenonkel, der einen ein- bis zweimal im Jahr mit wohlgemeinten Ratschlägen versorgt, vergleichbar mit der Allianz-Versicherung oder der Commerzbank. Die lose Beziehung zum Mann, den man jeden Morgen in der U-Bahn sieht, gleicht zum Beispiel der Beziehung zur Zahnpasta-Marke blend-a-med, und der leidenschaftlich begehrte Liebhaber etwa einem Sportwagen von Alfa Romeo oder einfach nur einem Magnum-Eis.

Die jeweilige Intensität und das Wesen der Beziehung hängen unmittelbar von der Bedeutung ab, die ein Produkt bzw. eine Dienstleistung für seine Nutzer einnimmt. Wird diese Bedeutung über einen längeren Zeitraum aufrechterhalten und fortwährend re-aktualisiert, honoriert der Nutzer das, indem er eine Beziehung zu dem Produkt aufbaut. Eine Beziehung, die sowohl eine spezifische Erwartung als auch eine Wertschätzung impliziert. Demnach definiert Marke die aus der psycho-sozialen Bedeutung einer Produktleistung entstehende Beziehung zu seiner Nutzerschaft.

Bei journalistischen Medienprodukten ist diese Beziehung wesentlich komplexer und damit im Sinne der Markenführung schwerer steuerbar als bei herkömmlichen Produkten. Denn im Gegensatz zu gängigen Produkten, die nach der Markteinführung so lange unverändert bleiben, bis das neue, überarbeitete Folgeprodukt das alte ablöst, definieren sich Medienprodukte je nach Erscheinungsfrequenz täglich, wöchentlich oder monatlich neu.

Ihre Inhalte werden kontinuierlich neu selektiert, aufbereitet und inszeniert. Medien sind Gefäße, die von Journalisten immer wieder aufs Neue gefüllt und komponiert werden. Sie haben in diesem Sinne keine homogene, stringente Produktleistung, sondern sind vielmehr auf ihre Umwelt bezogene, reflexive Leistungen, die immer relativ zur Nachrichtenlage bzw. zur Themenkonjunktur wahrgenommen und genutzt werden.

Hinzu kommt die äußerst implizite Differenzierung innerhalb eines Segmentes. So ist etwa im Segment der wöchentlichen Nachrichtenmagazine nicht so sehr die Themenselektion der unterscheidende Faktor, sondern insbesondere die Perspektive, der Umgang und die Bewertung der jeweiligen Nachrichten. Über ein und dasselbe Ereignis kann in mehreren Magazinen berichtet werden und das wiederum kann zu sehr unterschiedlichen Inhalten und damit Leistungen führen. Politische Haltungen, journalistische Stile und unterschiedliche Vorstellungen von Nutzwertigkeit sind dabei bestimmend.

Demzufolge vollzieht sich die Leserbindung auf einer wesentlich komplexeren und für den Leser relevanteren Ebene als bei einem Konsumprodukt. Die Entscheidung für ein Magazin setzt die Reflexion seiner eigenen Haltung und Präferenz voraus und verleiht so dem Medium, über seine funktionale Leistung hinaus, eine identifikatorische, orientierende Bedeutung. So ist es nicht verwunderlich, dass die führenden Nachrichtenmagazine *Stern*, *Focus* und *Der Spiegel* unabhängig von ihrer gemeinsamen Abhängigkeit von der Nachrichtenlage im Stande waren, unterschiedliche Leserschaften an sich zu binden. Unterschiedlich sind die Leserschaften weniger im sozio-demographischen als viel mehr im psychographischen Sinne. Studien haben gezeigt, dass die Höhe der verkauften Auflage des am Donnerstag erscheinenden *Stern* unbeeinflusst davon bleibt, ob die am Montag erscheinenden *Der Spiegel* und *Focus* bereits zuvor die gleiche Nachricht auf das Cover gehoben hatten.

Begreift man Marke, wie vorgeschlagen, als aus einer Produktleistung und ihrer psycho-sozialen Bedeutung resultierende Beziehung, wird hier die Besonderheit von Medien im Markensinne überdeutlich: Ihre Produktleistung ist außergewöhnlich komplex und muss immer wieder aufs Neue definiert und erbracht werden. Insbesondere die Beziehung zu den Nutzern ist identitätsstiftend und somit gesellschaftlich wie auch persönlich äußerst relevant und sensibel.

Die Wahrnehmung von Medien als Marke und somit als Beziehungskonstrukt führt daher zwangsläufig zu einer Entwicklungsperspektive, die vor allem in Bezug auf Medieninnovationen unverzichtbar ist. Beziehungen entstehen nicht über Nacht und bedürfen einer kontinuierlichen Pflege und Erneuerung. Beziehungen setzen vor allem ein gemeinsames Zielgruppen-Bedürfnis voraus, das erkennbar adressiert und bedient wird.

Bezogen auf Innovationen im Medienmarkt, in dem Verdrängungswettbewerb herrscht, wird ein Paradigmenwechsel notwendig: der Wechsel von der Herstellerperspektive zur Nutzer- bzw. Leserperspektive. Sind nahezu alle Themenfelder medial besetzt und relativiert sich die gesellschaftliche Aufmerksamkeit einer Medieninnovation durch die zunehmend hohe Mediendichte, wird zwangsläufig eine Fokussierung auf Leserbedürfnisse und somit die Betrachtung von Zielgruppen als Bedürfnisgruppen notwendig. Vor allem dann, wenn sich Bedürfnisse nicht mehr primär thematisch äußern, sondern nach einer ganzheitlicheren, stärker identifikatorischen Ansprache und Leistung verlangen.

Entwicklung durch Bedürfnisperspektive

Der Wechsel zur Bedürfnisperspektive bedeutet zugleich eine Abkehr von der sozio-demographischen Zielgruppenbetrachtung. Wer eine Innovation am Markt präsentiert und seine potenzielle Leserschaft nach wie vor primär anhand von Alter, Haushaltsnettoeinkommen und Bildungsstand beschreibt, wird wenig Erfolg haben. „Moderne, berufstätige Frauen zwischen 25 und 40 Jahren mit Abitur und/oder Studium in mittleren bis gehobenen Positionen" ist gemessen am Grad der Ausdifferenzierung unserer Gesellschaft und der damit einhergehenden Pluralität der Lebensstilkonzepte keine adäquate Grundlage für eine bedürfnisgerechte Innovation.

Unter den Magazin-Innovationen der letzten Jahre lassen sich auffällig viele Titel finden, die ihre Daseinsberechtigung nicht aus einem bestimmten Themenzuschnitt, sondern aus einer erkennbaren Haltung und einer damit verbundenen Perspektive auf Lebensbereiche und Themen ableiten. Nicht das *Was*, sondern vielmehr das *Wie* ist dabei bestimmend. Wobei das *Wie*, nicht wie in anderen Branchen gängig, als Tonalität, also die Art und Weise, wie ein Produkt bzw. eine Marke mit seinen Verwendern kommuniziert, beschrieben werden kann. Bei Medien äußert sich das *Wie* vielmehr in der journalistischen Perspektive. Fragestellungen, Kampagnenfähigkeit, phänomenologische Beschreibungen und Vorbilder sind dabei maßgeblich. Diese Art von Magazinkonzept setzt ein tiefes Verständnis der Lebenssituation und Bedürfnislage seiner Leser voraus, das weit über die für die Anzeigenkunden relevanten Marktforschungskennzahlen hinausgeht.

Das sicherlich prominenteste Beispiel dafür ist die 2003 gegründete Zeitschrift *Neon*, die inzwischen eine Durchschnittsauflage von deutlich über 200.000 Exemplaren verkauft. Sie bedient eine Bedürfnisgruppe, die sich primär über Fragestellungen, Wünsche und Sorgen einer bestimmten Lebensphase definiert und sich durch das auf dem Cover gedruckte Motto „Eigentlich sollten wir erwachsen werden" angesprochen fühlt. Ihr ist es gelungen, eine Community hinter sich zu versammeln, die ihre Zugehörigkeit aus einer im Magazin authentisch repräsentierten Haltung ableitet. Dieses Community-Gefühl wird vor allem auch durch den Internetauftritt des Magazins verstärkt, in dem Nutzer ausführlich zu Fragen und Themen Stellung nehmen und eigene Artikel verfassen können, aus denen dann wiederum die Redaktion die besten auswählt und im Heft abdruckt.

Ähnliche auf Themenfelder projizierte Magazinkonzepte sind *brand eins* im Segment der Wirtschaftstitel oder das intellektuelle Fußballmagazin *11 Freunde*. Alle diese Titel sind zwar thematisch verortet, definieren sich aber nicht dadurch. Viel mehr sind auch hier die Perspektive auf Themen sowie die dadurch deutlich werdende Haltung die entscheidenden Unterscheidungsmerkmale, die zu intensiver Leserbindung und damit kontinuierlichem Erfolg führen.

Diese „Wir-Magazine" zeichnen sich dadurch aus, dass keine Distanz oder gar Hierarchie zwischen Journalist und Leser erkennbar ist. Stattdessen wird auf Augenhöhe kommuniziert, die Journalisten vermitteln den Eindruck, selbst Teil der Community zu sein und erzeugen so Glaubwürdigkeit und Adäquanz.

Die Notwendigkeit dieser Entwicklung ist sicherlich auch auf die durch das Internet veränderte Mediennutzung zurückzuführen. Die nur zum Teil ertragsorientierten Angebote im Internet haben Themenbereiche und Interessensgebiete atomisiert. Es findet sich eine Fülle von Internetseiten, die Communities bzw. Sub-Communities bilden. Sie zeichnen sich durch hohe Authentizität und Glaubwürdigkeit aus, da sie von den Mitgliedern selbst mit Leben gefüllt werden und sich ihre Intentionen – oft nur scheinbar – auf die Interessen der Gruppe beschränken. Dabei gewinnt Authentizität und das damit verbundene Zusammengehörigkeitsgefühl an Bedeutung. Allerdings nicht, wie oft befürchtet und diskutiert, zu Lasten professioneller, journalistischer Inhalte und Angebote. Viel mehr ist dieses Bedarf additiv und nicht substitutiv zu sehen. Authentischer User-Generated-Content wird als lebensnahe Ergänzung zu „Expert-Generated-Content" wahrgenommen.

Ein weiterer Aspekt ist die durch die technischen Gegebenheiten des Internet ermöglichte Verknüpfung aus Information und Anwendung. Inhalte werden in Dienstleistungen überführt. Dabei sind etwa Austausch, Such- und Bewertungsfunktionen u. a. Anwendungen, die die Nutzwertigkeit und damit Relevanz der Internetangebote verstärken.

Journalistische Innovationen sollten demnach nicht nur den gesteigerten Anforderungen an Authentizität und Glaubwürdigkeit im Sinne der erwähnten Wir-Medien gerecht werden. Sie sollten auch nach Wegen suchen, nicht ausschließlich über ihre vermittelten Inhalte Bedeutung zu erlangen. Die Beziehung zu einem Medienprodukt, also die Medienmarke, kommt in der heutigen Zeit nicht umhin, Information, Meinungen und Bewertungen durch Mediendiversifikation mit bedarfsgerechten Dienstleistungen zu verknüpfen. Nur so kann eine Bedürfnisgruppe umfassend bedient und an eine Innovation gebunden werden.

Medienmarken: Crossmedialer Erfolg durch Bedeutung

Die Wahrnehmung und damit die Bedeutung von Medienmarken ist immer weniger an die jeweilige Mediengattung gekoppelt. Menschen benutzen immer mehr Medien immer öfter und intensiver. Studien haben darüber hinaus gezeigt, dass Jugendliche bis zu fünf Medien parallel nutzen. So wird dann Radio gehört, im Internet gesurft und dabei gechattet, während im Hintergrund der Fernseher läuft.

Die Bedürfnisse der Menschen haben sich von den medialen Kontexten emanzipiert. So wie sie unterschiedliche Medien fließend in ihren Alltag einbauen und dabei keine Brüche mehr wahrnehmen, wird dies auch von Medienmarken verlangt. Ubiquität, die Verbindung von Inhalt und Funktionalität, sowie die Angebotsdifferenzierung gemäß der für die Nutzer relevanten Verwendungskontexte werden immer mehr zu notwendigen Bedingungen.

Bezogen auf Medieninnovationen ist es daher unerlässlich, die Medienmarke in den Mittelpunkt zu stellen. Nicht das einzelne Medienprodukt, sondern viel mehr das an eine Marke gekoppelte, emergente Zusammenspiel verschiedener Inhalte und Funktionen in unterschiedlichen Nutzungszusammenhängen führt zur relevanten Bedürfnisabdeckung und somit zu Bedeutung. Um dem gerecht zu werden, reichen jedoch gängige Medienproduktverbünde nicht aus. Nicht das Heft zur Sendung, die CD zum Film oder der Roman als Hörbuch sind hier gemeint. Entscheidend ist, ob es einer Marke gelingt, ihre errungene Bedeutung in unterschiedliche, dem jeweiligen Medium entsprechende Produktleistungen zu überführen. So ist etwa *Der Spiegel* als Print-Magazin auf politische und gesellschaftliche Hintergründe und Zusammenhänge sowie ihre entsprechende Kommentierung konzentriert, während etwa *Spiegel Online* nachrichtlich getrieben ist und eher nach Schnelligkeit und Präzision strebt. Hinzu kommt *Spiegel TV*, das deutlich narrativer und dadurch unterhaltender ist.

Hier wird deutlich, dass eine inhaltliche, formale und funktionale Anpassung an die Gegebenheiten des jeweiligen Mediums automatisch eine Berücksichtigung der Verwendungs- und damit Bedeutungskontexte zur Folge hat. Das Ergebnis ist, dass eine Marke durch Angebote in unterschiedlichen Medien medienspezifische Bedürfnisgruppen an sich bindet, die sich nur zum Teil überschneiden. Erste Untersuchungen haben gezeigt, dass auch bei reichweitenstarken Medienmarken die Überschneidung der Nutzerschaften von Print und Online in der Regel unter 20 Prozent liegen.

Zusammenfassung

Im digitalen Zeitalter kommen Medienmarken nicht umhin, ihre Leistung über verschiedene Medien zu differenzieren und so für verschiedene Menschen unterschiedliche Bedeutung einzunehmen. Demzufolge hängt der Erfolg bei Innovationen stark vom Bedeutungsmanagement unter dem Dach einer bestehenden oder neu einzuführenden Marke ab. Die Auswahl und stringente Umsetzung einer entsprechenden Markenarchitektur wie auch kontinuierliches Teilzielgruppen-Marketing sind dabei unerlässlich.

Journalistische Innovationen weisen eine erhöhte Komplexität und Relevanz bezüglich ihrer Inhalte und Funktionen, aber auch ihrer Nutzung und Bedeutung auf. Um dem gerecht zu werden, müssen Innovationen als Entwicklungen verstanden werden, die evolutiv geführt werden und von vorne herein eine Differenzierung vornehmen: Eine Differenzierung von Inhalten und Angeboten, die unter Berücksichtigung der Bedürfnisperspektive und damit der unterschiedlichen Verwendungs- und Bedeutungszusammenhänge erfolgt. Nur so wird es journalistischen Innovationen gelingen, dauerhaft eine Bedürfnisgruppe an sich zu binden, für sie relevant zu sein und so wirtschaftlichen Erfolg zu sichern.

Weiterführende Literatur

Bleis, Thomas (1996): Erfolgsfaktoren neuer Zeitschriften. Empirische betriebswirtschaftliche Untersuchung zur Entwicklung und Markteinführung von Publikumstiteln. München: Reinhard Fischer.
Friedrichsen, Mike/Brunner, Martin F. (Hrsg.) (2006): Perspektiven für die Publikumszeitschrift. Berlin: Springer.
Gläser, Martin (2008): Medienmanagement. München: Vahlen.
Gündling, Ute (2007): Die Neuausrichtung des Zeitungsmarketings durch Customer Relationship Management. München: Reinhard Fischer.
Habann, Frank (Hrsg.) (2003): Innovationsmanagement in Medienunternehmen. Wiesbaden: Gabler.
Karmasin, Matthias/Winter, Carsten (2002) (Hrsg.): Grundlagen des Medienmanagements. München: Fink.
Kühte, Alexandra (2006): Neuerscheinungen auf dem Markt der Publikumszeitschriften. Eine exemplarische Analyse. Berlin: Wissenschaftlicher Verlag Berlin.
Schnell, Marie (2008): Innovationen im deutschen Tageszeitungsmarkt. Eine Analyse des Wettbewerbsverhaltens überregionaler Tageszeitungen vor dem Hintergrund struktureller Marktveränderungen. Münster: Lit.
Siegert, Gabriele (2001): Medien Marken Management: Relevanz, Spezifika und Implikationen einer medienökonomischen Profilierungsstrategie. München: Reinhard Fischer.
Siegert, Gabriele (Hrsg.) (2002): Medienökonomie in der Kommunikationswissenschaft. Münster: Lit.
Tschörtner, Anke (2008): Erfahrung und Erfolg im Zeitschriftenverlag. Die Bedeutung der Wissensressource von Verlagsleitern für die erfolgreiche Etablierung neuer Zeitschriften. München: Reinhard Fischer.
Wehrle, Friedrich/Busch, Holger (2002): Entwicklungen und Perspektiven im Markt der Publikumszeitschriften. In: Vogel, Andreas/Holtz-Bacha, Christina (Hrsg.): Zeitschriften und Zeitschriftenforschung. Wiesbaden: Westdeutscher Verlag (= Publizistik, Sonderheft 3), S. 85-108.

Kapitel 10: Innovationen in Medienunternehmen und in User-generated Content: Taktgeber Technik
Perspektiven der Forschung (John Pavlik)

„Die Zukunft der Zeitung ist digital!" erklärt Mathias Döpfner, Vorstandsvorsitzender des größten deutschen Zeitungsverlags Axel Springer. Dabei ist er sich sicher, dass „junge Menschen auch in Zukunft morgens eine Zeitung lesen, auf Papier oder elektronischem Papier, wenn sie sich mit ihrer Lebenswirklichkeit, mit ihren Themen, mit ihren Problemen und Träumen beschäftigt."[1] Doch es ist eine offene Frage, ob es die klassische Zeitung schaffen wird, sich gegen die zahlreichen neuen und auch die altbekannten Konkurrenzmedien durchzusetzen, während der Anteil der Internetnutzer stetig ansteigt.[2] Der meist genutzte Online-Inhalt sind aktuelle Nachrichten (47 Prozent): Die Online-Nachrichtenportale werden also zur Konkurrenz der traditionellen Tageszeitungen. Das ist ein zentrales Ergebnis der Studie von Castulus Kolo und Robin Meyer-Lucht[3], die die Nutzung von Nachrichtenseiten und gedruckten Zeitungen im Zeitraum der Jahre 2001 bis 2006 untersuchten. Die Autoren attestieren, dass das Internet ein schleichendes Abwandern der angestammten Zeitungsleser hin zu Onlinemedien bewirke. Je mehr eine Altersgruppe Online-Nachrichten nutze, desto weniger nutze sie die Printmedien zur Information. Dieser Trend betrifft vor allem die Gruppe der 25- bis 34-Jährigen und der 35- bis 44-Jährigen. Hier sank der Anteil der Leser von Abo-Zeitungen im Zeitraum der Untersuchung von etwa 50 Prozent auf knapp 37 Prozent bzw. von etwa 65 Prozent auf knapp 54 Prozent, während sich gleichzeitig die Zahl der Nutzer von Online-Angeboten fast

---

1 Döpfner, Mathias (2006): Der Journalismus lebt – Essay: Die Welt vom 8. Mai 2006. http://www.welt.de/print-welt/article215176/Der_Journalismus_lebt_-_Essay.html [17.07.2008]
2 Klingler, Walter/Gerhards, Maria (2006): Mediennutzung in der Zukunft. In: Media Perspektiven 2/2006, S. 75-98.
3 Kolo, Castulus/Meyer-Lucht, Robin (2007): Erosion der Intensivleserschaft. Eine Zeitreihenanalyse zum Konkurrenzverhältnis von Tageszeitungen und Nachrichtensites. In: Medien- und Kommunikationswissenschaft, 55. Jahrgang, H.4, S. 513- 533.

verdoppelte. Was bedeuten diese Ergebnisse für die Zukunft der Zeitung und die Zukunft der Medien an sich?

Online-Nutzung auf dem Vormarsch

Die Autoren schließen aus den Ergebnissen, dass sich Online und Print nicht ergänzen, wenn es um Nachrichten geht, sondern dass sie um die Leser konkurrieren. Statt beide Medien parallel zu nutzen, entscheiden sich immer mehr für Online-Nachrichten. Diese haben den Vorteil, aktueller zu sein, da sie von den Online-Redakteuren sekündlich auf den neuesten Stand gebracht werden können, wogegen die Zeitungen einen 24-Stunden-Zyklus durchlaufen müssen, selbst wenn sie, wie in Mathias Döpfners Vision, in einem digitalen Format erscheinen.

In diesem Falle müssten die klassischen Medien nicht um ihre Existenz fürchten, solange sie ihre Erscheinungsform auf die Anforderungen des digitalen Zeitalters anpassen. Zeitungen würden digital also genauso gelesen wie die bisherige Papierversion. Allerdings kämpfen neben Zeitungen und Internet auch noch andere Medien um die Aufmerksamkeit der Nutzer und damit gleichzeitig auch um die Werbeeinnahmen der Anzeigenkunden. Wenn mehr junge Menschen ein Video bei *YouTube* anschauen als den als Blockbuster beworbenen Spielfilm eines Privatsenders, dann müssen sich auch die Werbetreibenden überlegen, wie sie ihre Investitionen auf das geänderte Nutzungsverhalten der Zielgruppen anpassen.

Lernziele

⇒ Welche neuen Formate sind durch digitale Technologien möglich geworden?
⇒ Wie hat sich der Werbemarkt durch die Etablierung von Online-Medien verändert?
⇒ Wie lassen sich neue Zielgruppen erschließen und ihre Partizipationsmöglichkeiten steigern?

Die beschriebene langsame Erosion der Leser hat gleich in zweierlei Hinsicht finanzielle Folgen für die traditionellen Printmedien. Zum einen verlieren sie Abonnenten, zum anderen ihre Werbepartner. Diese haben längst bemerkt, dass ihre Zielgruppe zur elektronischen Alternative wechselt, und so wechseln auch die Anzeigenkunden das Medium. Als Folge nimmt die Online-Werbung in den USA wie in der ganzen Welt rasch zu. Besonders verbreitet ist Online-Werbung bei Suchmaschinen, Portalen und Content-Aggregatoren wie *Google*. Auch bei Online-Nachrichtenanbietern steigt sie rasant. Im Gegensatz dazu steht der in den USA insgesamt abnehmende Werbemarkt in den herkömmlichen Medien wie Zeitungen, Zeitschriften und dem regionalen Fernsehen. Der gleiche Trend ist in Deutschland zu erkennen: Während die Werbeeinnahmen der Tageszeitungen im Jahr 2007 gerade einmal um 0,8 Prozent stiegen, nahmen die Einnahmen der Onlinemedien um 39,2 Prozent zu, die Einnahmen der Publikumszeitschriften sanken hingegen.[4]

Der sprungartige Anstieg im Online-Sektor hat das Interesse und die Möglichkeiten für technologische Innovationen vorangetrieben. Es bleibt allerdings abzuwarten, ob auf lange Sicht gesehen ein starker Anstieg auf dem Werbemarkt einen qualitativ hohen Online-Journalismus tragen kann.

Was Online-Anzeigenkunden am Online-Medium schätzen, ist die Möglichkeit, verfolgen zu können, wie ihre Werbung bei den Zielgruppen aufgenommen wird. Details und Zahlen können sehr viel leichter in der Online-Version ermittelt werden als in den herkömmlichen Medien. In Fernseh-, Radio- und Druckmedien kann nur ungefähr abgeschätzt werden, wie viele Leute durch die Werbung tatsächlich erreicht werden und wie die Werbung aufgenommen wird. Natürlich ist eine Zählung, wie oft oder mit welcher Frequenz eine Werbung angeklickt wird, nicht ideal, doch über diese Zählungen können Online-Werbende sehr viel genauer die Gesamtsituation beurteilen, als dies bei herkömmlichen Medien der Fall ist. Zusammen mit anderen Werbe-Messstandards – wie der Schaltfrequenz, der Dauer der Inseratschaltung und der Interaktionsrate – kann die Bewertung von Online-Werbung viel genauer vorgenommen werden.

---

4 Zentralverband der deutschen Werbewirtschaft (2008): ZAW-Jahrbuch Werbung in Deutschland 2008. Berlin: edition ZAW.

Das private Private Equity Fonds Veronis Suhler Stevenson schreibt in seinem Jahresbericht „Communications Industry Forecast", dass der Online-Werbemarkt zwischen 2007 und 2009 schneller wachsen werde, als der Werbemarkt von elf anderen Medien. Laut ihrer Prognose wird nur der Videogame-Werbemarkt (46 %) das Wachstum des Online-Werbemarkts (24 %) übersteigen.[5] Mit der zunehmenden Verbreitung von Internet und anderen digitalen Medien hat sich die finanzielle Lage für Medieninhalte dramatisch verändert.

Medien als ständiger Begleiter

Noch ist unklar, welche Auswirkungen all das auf den Anteil des verfügbaren Einkommens der Haushalte haben wird, der für Fernseh- oder andere Mediendienste ausgegeben wird. Und welche Auswirkungen es auf Nachrichten haben wird, ist ebenfalls ungewiss. Es erscheint jedoch wahrscheinlich, dass es mehr Nachrichtenprogramme geben wird, zumindest in Form von fachspezifischen Diensten wie Verkehrsmeldungen und Wettervorhersagen. Ob andere Formen des Journalismus, wie Enthüllungsjournalismus oder Dokumentarsendungen, zunehmen werden, ist unklar, obwohl die zunehmende Verbreitung von Kabel- und Satellitenfernsehen seit den 80er Jahren einen dramatischen Anstieg an Dokumentarfilmproduktionen und deren Verteilung begünstigt hat. Die Verleihung des Oskars für Al Gores „An Inconvenient Truth" (Eine unbequeme Wahrheit) kann ebenfalls einen Einfluss darauf haben, dass die Produktion und Distribution von Dokumentarfilmen weiter zunimmt. Auch die sinkenden Produktionskosten aufgrund von digitalen Technologien könnten eine vermehrte Produktion von unabhängigen Dokumentarfilmen auslösen. Dies wäre nicht nur ein Vorteil für unabhängige Journalisten, sondern für die ganze Gesellschaft.

Andererseits darf nicht vergessen werden, dass Journalismus als passendes Werbeumfeld nicht mehr unersetzlich ist; gerade im Internet sind billigere und auch bessere Alternativen, wie z.B. soziale Netzwerke

---

5 Veronis Suhler Stevenson (2008): Communications Industry Forecast 2005-2009, S. 112-113.

und Suchmaschinen, neben die journalistischen Angebote getreten. Um dieser Konkurrenz begegnen zu können, sind Innovationen in Medienunternehmen in Zukunft umso nötiger.

Neue Formen der Nachrichtenzusammenstellung: Mashup-Medien und Metavers

Die technologischen Veränderungen werden mit innovativen Entwicklungen im Redaktionsmanagement einhergehen. Besonders Experten der Kommunikationstechnologien sagen voraus, dass im Jahr 2016 die meisten Menschen in entwickelten Gesellschaften wahrscheinlich im so genannten Metavers leben werden.[6] Das „Metavers" bezeichnet die Konvergenz der physischen Realität mit der digitalen Welt wie sie zum Beispiel im Computerspiel „Second Life" stattfindet. Die Nutzer der Zukunft werden von einer mobilen, drahtlosen Ultrabreitband-Informationswolke umgeben sein. Diese Informationswolke soll ihnen rund um die Uhr Hochgeschwindigkeitszugriff auf Nachrichten, Informationen und Unterhaltung sowie auf Marketinginformationen ermöglichen. Gleichgültig ob virtuelle oder erweiterte Realität, Game- oder Nachrichtensysteme, das Metavers wird ein Platz für einen immer verfügbaren interaktiven Zugriff auf Medien in jeder beliebigen Form und in einer dreidimensionalen Umgebung sein. Das redaktionelle Marketing wird diese Entwicklung einplanen müssen, um die Möglichkeiten des Metavers' ausschöpfen und darin bestehen zu können. Es ist wahrscheinlich, dass die ersten, die sich damit auseinandersetzen, den digitalen Breitbandraum beherrschen werden, ähnlich wie *Google* den kommerziellen Online-Bereich im Jahr 2009 beherrscht.

Raum für innovative Ideen im Medienbereich findet sich auch im Bereich von neuen Darstellungsformen. Mashup-Medien zum Beispiel sind eine Art des Inhalts, der durch das Zusammenführen von Daten oder Informationen entsteht, die von anderen veröffentlicht wurden – ähnlich eines Remix aus verschiedenen Musikstücken. Dadurch werden sie in einer neuen Form präsentiert und erhalten so eine neue Bedeutung. Ein Beispiel ist die innovative Entwicklung der Nachrichten- und Informati-

---

[6] http://www.nytimes.com/cnet/CNET_2100-1025_3-6175973.html?pagewanted=all.

onsberichterstattung, wie sie *ChicagoCrime.org* anbietet. *ChicagoCrime* ist eine frei zugängliche, durchsuchbare Datenbank krimineller Aktivitäten in Chicago im US-Bundesstaat Illinois, der drittgrößten Stadt der Vereinigten Staaten, mit einer Bevölkerung von etwa drei Millionen Einwohnern. Die Daten stammen aus Verbrechensdateien, die vom Chicago Police Department, der Citizen ICAM (ICAM steht für Information Collection for Automated Mapping und ist ein System, welches vom Chicago Police Department für seine Polizeibeamten entwickelt wurde) sowie Mapping- und Satellitendaten von *Google* bereitgestellt werden.

Durch das Zusammenführen dieser Daten gibt *ChicagoCrime* eine detaillierte, interaktive On-Demand-Übersicht, wo in Chicago Verbrechen gemeldet wurden. Benutzer können die Daten auf unterschiedliche Art und Weise durchsuchen, u. a. nach Art des Verbrechens (wie Brandstiftung, Mord, Körperverletzung und illegale Wettspiele), nach Straße (bis hin zum Häuserblock, mit der Anzeige aller in der Nähe verübten Verbrechen), nach Datum (wobei Benutzer detaillierte, stundenweise aktualisierte Listen aller Verbrechensmeldungen abrufen können), nach Polizeibezirk oder Revier, nach Postleitzahl, nach „Ward"[7], nach Art des Standorts (einschließlich Bankautomat), Nahverkehrszügen, Tankstelle oder Bowlingbahn, sowie nach Straßenkarte. Der Benutzer lässt sich die Mashed-up-Daten auf einer Karte anzeigen oder auf einer Strecke: Benutzer geben die Strecke einfach durch Anklicken von zwei oder mehr Punkten auf der am Bildschirm angezeigten Karte ein, und die Website verbindet automatisch die Punkte miteinander. Alle gemeldeten Verbrechen entlang dieser Linie werden angezeigt. Wenn jemand einen Spaziergang, eine Auto- oder Busfahrt entlang einer bestimmten Strecke plant, können so gewonnenen Daten in vielerlei Hinsicht nützlich sein. Die verfügbaren Verbrechensdaten reichen bis November 2005 zurück und sollen ohne Zeiteinschränkung gespeichert werden.

Ein weiteres Beispiel kommt aus den Straßen New York Citys. Bei *UncivilServants.org* kann jeder mit einer Kamera und einem Internetzugang Fotos von falsch parkenden Autos städtischer Angestellter, besonders der Polizei, einstellen, die ihre von der Stadt erteilte Parklizenz dazu missbrauchen, ungestraft vor Hydranten, auf Bushaltestellen und Behin-

---

7   Ein „Ward" ist ein politischer Bezirk bzw. Stadt-/Wahlbezirk in den USA, Anm.d.Ü.

dertenparkplätzen zu parken, auch wenn sie nicht im Dienst sind.[8] Die Website wird von der Organisation *Transportation Alternatives* betrieben, einer Aktivistengruppe, nach deren Schätzungen um die 150.000 Fahrer eine derartige Erlaubnis zum freien Parken auf der Straße besitzen. Die Genehmigungen sind eigentlich dafür gedacht, dass ihre Inhaber an bestimmten Stellen parken können, so wie z. B. in den Straßen um die Gerichtsgebäude oder Polizeistationen herum. Laut *Transportation Alternatives* haben diese Genehmigungen durch unzureichende Kontrollen inzwischen aber den Status einer Jobvergünstigung bekommen und sind so im unter chronischer Parkplatznot leidenden New York zu einer Art Gehaltsbonus mutiert. In einer Veröffentlichung der Gruppe heißt es: „Niemand sollte über dem Gesetz stehen. Doch in New York City brechen alltäglich Beamte zu Tausenden das Gesetz. Sie missbrauchen die ihnen vom Staat erteilten Genehmigungen, behindern den Verkehr, stellen ein Sicherheitsrisiko dar und mindern die Lebensqualität anderer Bürger." Die Organisation behauptet weiterhin, dass es viele gefälschte Genehmigungen gebe, was das Ausmaß des Problems zusätzlich erhöhe. Benutzer der Website können auf eine *Google*-aktivierte Karte klicken, um Fotos der Fahrzeuge mit Genehmigungen anzuzeigen, die an unterschiedlichen Stellen in der Stadt unberechtigt geparkt haben. Städtische Angestellte bezeichnen die Website als Eingriff in ihr Privatleben und sehen in ihr ein Sicherheitsrisiko.

Die Website ist auch eine neue Form von „user-generated-content": Neu daran ist, dass eine Bürgergruppe und nicht eine große Nachrichtenorganisation die neue Technologie für ihre Zwecke einsetzt. Es handelt sich dabei um eine Art der freien Meinungsäußerung mit Kontrollfunktion, die traditionell von den Nachrichtenmedien ausgeübt wird. Am 23. März 2007 schickte ein User beispielsweise einige Fotos von einem Fahrzeug, das vor einem Hydranten geparkt war, mit folgenden Worten an die Website: „Am Freitag, den 23. März, gegen 9 Uhr war dieses private Fahrzeug vor der Rodolf Sholom-Synagoge und -Schule geparkt, obendrein noch vor einem Hydranten. Der Fahrzeughalter hat ganz offensichtlich ein Kind zur Schule gebracht. Es gab zu der Zeit weder einen Notfall, noch war eine Ermittlung im Gang. Ich bin mir noch nicht einmal

---

8   http://nyc.uncivilservants.org/

sicher, ob die Genehmigung gültig ist, da sie nicht mit der Mustergenehmigung auf Ihrer Website übereinstimmt. Zur Ansicht meine Fotos."

Mashup-Medien wie *ChicagoCrime* sind eher das, was man als On-Demand-, interaktive oder benutzerdefinierbare Informationsgrafiken bezeichnet, sie enthalten keine richtigen Berichte. Von der Aufmachung her sind sie die Art von Nachrichten- oder Informationsgrafiken, die man häufig in Zeitschriften oder anderen Nachrichtenmedien sieht. US-Nachrichtenredaktionen bezeichnen sie gerne als „News you can use" (Nachrichten, mit denen man etwas anfangen kann). Zum Bedauern der herkömmlichen Nachrichtenmedien stammen sie nicht aus den eigenen Redaktionen. Sie sind ein Beispiel für Innovationen im Nachrichten- und Informationsbereich, die von Anbietern außerhalb der typischen Nachrichtenindustrie produziert werden. Lange Zeit hatte die lokale Presse auf die lokale Berichterstattung so etwas wie ein Alleinrecht. Dieses Monopol ist ihr in der Zwischenzeit verloren gegangen. Die *New York Times* etwa hat die Technik der Mashup-Medien auf ihre Reisesparte angewandt und eine interaktive Landkarte kreiert. Dutzende ihrer Reiseangebote werden hier zu einer Reiseroute zusammengestellt. Dies ist ein Beispiel für eine innovative Entwicklung in Mashup-Medien seitens eines traditionellen Nachrichtenmediums – allerdings handelt es sich dabei nicht um harte Nachrichten.

Google-News sind ein Beispiel für Mashup-Nachrichten. Es handelt sich dabei um automatisch durch Computeralgorithmen zusammengetragene, kategorisierte und im Internet veröffentlichte Nachrichten.

Wirtschaftsjournalismus leistet Pionierarbeit

Der Wirtschafts- und Finanzjournalismus ist nicht unbedingt ein Ressort, das man mit innovativen Entwicklungen in der Berichterstattung verbindet. Doch dort, wo Wirtschaft und Finanzen auf Nachrichtendienste treffen, stehen innovative Entwicklungen im Journalismus und in der Technologie im Vordergrund. Es handelt sich um einen Bereich des Journalismus, in dem die Konkurrenz am höchsten ist und wo der finanzielle Erfolg von Innovationen abhängen kann. *Reuters* und *Bloomberg* gehören zu den innovativsten Nachrichtenorganisationen, besonders was ihren Einsatz von Technologien anbelangt. Im Jahr 1850 setzte *Reuters* beispielsweise schon Brieftauben ein, um Top-Nachrichten so schnell wie möglich veröffentlichen zu können. Derartige Innovationen reichen bis in unser digitales Zeitalter. *Instant Messaging* (IM) wird oft für eine Online-Benutzeranwendung gehalten, die mit AOL ihren Anfang nahm. In Wirklichkeit ist die Online-Echtzeit-Kommunikation eine von *Reuters* in den späten 80er Jahren entwickelte Technologie. Sie wurde dann AOL zur Verfügung gestellt, und AOL entwickelte größtenteils auf Grundlage der IM-Technologien Kundenlizenzen. Heutzutage ist Instant Messaging ein allgegenwärtiges Online-Kommunikationstool.

Nachrichtenanalysen aus dem Computer

In der Welt der Finanzen werden die Nachrichten durch die Web-Technologie verändert. Unternehmensnachrichten einschließlich Pressemitteilungen und von Nachrichtendiensten verfasste Nachrichtenreportagen werden durch XML (Extensible Mark-up Language) wortweise kodiert, damit Computer den Text lesen können. So kann ein Trading-Programm je nachdem, ob bestimmte Börsenpreise erreicht oder andere Schlüsselworte empfangen wurden, Kauf- oder Verkaufsaktionen einleiten. Computer können praktisch ohne Zeitverzögerung handeln, viel schneller als ein menschlicher Händler, wodurch das Gewinnpotenzial wesentlich erhöht werden kann. Außerdem werden Computer programmiert, um Adjektive und andere Schlüsselpassagen von Nachrichtenartikeln zu erkennen und zu interpretieren. Diese Analysen werden anschließend von menschlichen Fachkräften ausgewertet. Anhand der computererzeugten Nachrichtenanalyse werden strategische oder taktische wirtschaftliche und finanzielle Entscheidungen getroffen.

Bereits in den 90er Jahren haben Nachrichtendienste ihren Erfolg, Nachrichten als erste zu veröffentlichen, in Minuten gemessen. Aufgrund der technologischen Fortschritte wird Erfolg heutzutage nicht mehr in Minuten, sondern in Sekunden gemessen. Eine Sekunde kann einen großen Unterschied für ein Unternehmen wie *Reuters* oder *Bloomberg* darstellen, die mit anderen Agenturen darum konkurrieren, ihre Nachrichten für den Händler-Markt vor allen anderen herauszugeben.

In der Zukunft wird Erfolg wahrscheinlich in Millisekunden berechnet. Betrachten wir einmal, wie Wirtschaftsprognosen von den Bundesbehörden in Washington D.C. herausgegeben werden: Journalisten der größten Nachrichtenorganisationen versammeln sich in einem abgesperrten Raum in Washington mit den Bundesbehörden, kurz bevor sie ihre Reportagen oder Prognosen veröffentlichen. „Die Reporter erhalten die Daten und haben 30 Minuten Zeit, um ihre Artikel vorzubereiten", erklärt Egan. Wenn sich der festgelegte Absendezeitpunkt nähert, sitzen die Reporter mit dem Finger auf der Sendetaste ihres Computers da und warten. Sobald der Augenblick gekommen ist, drücken die Reporter die Sendetaste, und ihre Artikel werden über das Internet zur sofortigen Veröffentlichung übertragen. Die Zeit, die benötigt wird, um die Sendetaste zu drücken – etwa eine Millisekunde – kann für die Nachrichtendienste einen Vorteil gegenüber der Konkurrenz darstellen. Deswegen befasst sich Reuters derzeit mit der Entwicklung eines Systems, das über einen Computer den Artikel automatisch, ohne Drücken der Sendetaste, abrufen kann. Diese eine Millisekunde kann viel Geld bedeuten.

Zusammenfassung

Impulse aus der Technikentwicklung führen zu einer Veränderung des Nutzerverhaltens; die zunehmende Nutzung von Onlinemedien fördert das Interesse, technologische Innovationen für den Journalismus zu nutzen. Interessant für den Werbemarkt ist dabei, dass die Zielgenauigkeit im Onlinebereich sehr viel höher ist als in anderen Medien. Wie können Medienangebote aussehen, wenn die Nutzer im Jahr 2016 von einer mobilen, drahtlosen Ultrabreitband-Informationswolke umgeben sind? Medienhäuser müssen offen sein für neue Formen der Berichterstattung, wollen sie ihre Märkte nicht an innovativere, branchenfremde Unternehmen verlieren. Impulse kommen nicht immer aus dem Bereich der etablierten Medien, sondern oft aus dem Umfeld unabhängiger Mediennutzer, wie z.B. bei der Entwicklung von Mash-ups. Hier müssen Medienhäuser reagieren. Selbst Bereiche, die auf den ersten Blick wenig innovativ erscheinen, wie der Bereich der Wirtschaftsberichterstattung, werden von einer höheren Dynamik in der Wirtschaftsberichterstattung erfasst, die

die Produktion und die Inhalte grundlegend verändert. Für Journalisten, die offen sind für neue Möglichkeiten der Berichterstattung, bieten sich viele neue Ansatzpunkte, ihre journalistische Kompetenz zu erweitern, um den Ansprüchen einer neuen Nutzergeneration gerecht zu werden.

Weiterführende Literatur

Dimmick, John W. (2003): Media Competition and Coexistence. The Theory of the Niche. Hillsdale: Lawrence Erlbaum.
Glotz, Peter/Meyer-Lucht, Robin (Hrsg.) (2004): Online gegen Print. Konstanz: UVK.
Hasebrink, Uwe/Mikos, Lothar/Prommer, Elisabeth (Hrsg.) (2004): Mediennutzung in konvergierenden Medienumgebungen. München: Reinhard Fischer.
Pavlik, John V. (2004): A Sea-Change in Journalism: Convergence, Journalists, their Audiences and Sources. In: Convergence. The International Journal of Research into New Media Technologies. 10. Jg., H. 4, S. 21-29.
Stauff, Markus (2005): Das neue Fernsehen: Machtanalyse, Gouvernementalität und digitale Medien. Münster: Lit-Verlag.
Weinberger, David (2008): Das Ende der Schublade: Die Macht der neuen digitalen Unordnung. München: Hanser.

Kapitel 11: Ethische Herausforderungen in der Ausbildung von Wirtschaftsjournalisten Sichtweisen der Praxis (Christoph Moss)

Es ist ein scheinbar ganz normaler Arbeitstag in der Wirtschaftsredaktion einer Tageszeitung. Die Konferenz am Vormittag beschließt, für den kommenden Tag eine große Geschichte zum Thema Automobilindustrie zu verfassen. Es ist die Zeit der Finanzkrise. Weltweit geraten Hersteller in Bedrängnis. General Motors mit seinem deutschen Tochterunternehmen Opel ist ein berühmtes Beispiel dafür.

Die Autogeschichte soll crossmedial „gespielt" werden. Die Nachricht am Morgen in der Internetausgabe, dazu O-Töne für ein Podcast-Interview, die Option auf ein kurzes Video sowie die ausgeschriebene Langfassung mit Hintergrund und Einordnung in der Printausgabe.

Der aktuelle Stand soll eine Teamworkgeschichte werden. Drei Kollegen sind daran beteiligt. Einer recherchiert bei den großen Banken. Er spricht mit den Vorstandschefs und „zapft" seine besten Quellen in den Unternehmen an. Eine zweite Kollegin unterhält sich mit Investmentbankern, die derartige Fusionen begleiten und hinter den Kulissen gern Einschätzungen abgeben – anonym, versteht sich. Der dritte Kollege, ein junger Volontär, soll sich mit Analysten unterhalten. Diese geben Urteile ab über die Qualität von Aktien. Sie haben Einblick in sensible Finanzdaten großer, börsennotierter Unternehmen. Analysten sind damit eine exzellente Recherchequelle, aber der Umgang mit dieser Berufsgruppe ist heikel und will gelernt sein.

Dass Volontäre große Teile der Recherche übernehmen, ist auf den ersten Blick eine erfreuliche Tatsache. Häufig aber sind die jungen Kollegen nicht auf diese Arbeit vorbereitet. Schnell werden sie dann Opfer eigener Unzulänglichkeiten, entweder, weil sie gewieften Gesprächspartnern auf den Leim gegangen sind. Oder weil ihnen die Sachkenntnis fehlt, um den Wert von Informationen richtig einschätzen zu können.

Auf diese Weise gelangen dann häufig fragwürdige Inhalte in die Öffentlichkeit. Einseitige Bewertungen zu Aktien beispielsweise, die Leser, Nutzer und Anleger im schlimmsten Falle teuer zu stehen kommen können – etwa wenn sie im Netz verbreitet und einschlägig kommentiert werden. Dieses Kapitel befasst sich mit derartigen Fragen der Ethik und untersucht, wie die Ausbildung junge Journalisten auf diese Herausforderungen vorbereiten sollte.

Lernziele

◯ Wie verändert sich der Wirtschaftsjournalismus unter dem Dach von Internet und Crossmedialität?
◯ Was sind Insiderinformationen, und wie geht man mit ihnen um? Wie sollte man jungen Journalisten den Umgang mit Analysten beibringen?
◯ Wie sollte man Volontäre auf die Recherche vorbereiten?

Der schnelle Klick

Der Markt für Wirtschaftsjournalismus ist geprägt von hoher Dynamik. Aber diese Dynamik macht sich zum größten Teil online bemerkbar. Finanzportale (z.B. Onvista), Direktbanken (z.B. Comdirect), Ableger von Printtiteln (z.B. Handelsblatt.com), Unterhaltungsportale (z.B. T-Online.de) und die stark wachsende Zahl der Weblogs sorgen für Bewegung.

Fast zwei Drittel der Einwohner Deutschlands sind inzwischen online. Vor allem junge Menschen beziehen ihre Informationen mit Vorliebe aus dem Netz. Einsteiger in den Journalismus sehen es als völlig selbstverständlich an, ganze Geschichten komplett im Netz zu recherchieren. Dies kann gefährliche Folgen haben. Die Autoren Steffen Range und Roland Schweins haben untersucht, wie das Netz den Journalismus verändert.[1] „Krawall- und Sensationsjournalismus und seichte Unterhaltung

---

1 Range, Steffen/Schweins, Roland (2007): Klicks, Quoten, Reizwörter: Nachrichtensites im Internet – Wie das Web den Journalismus verändert, Gutachten im Auftrag der Friedrich-Ebert-Stiftung, Berlin.

haben die auf Seriosität bedachte unaufgeregte Berichterstattung in den Hintergrund gedrängt", schreiben sie. Ihr Urteil ist schon deshalb ernst zu nehmen, weil die Autoren selbst viele Jahre lang als Online-Journalisten gearbeitet haben.

Dass das Netz den Journalismus verändert, hat mit den ökonomischen Rahmenbedingungen zu tun. Kaum ein Online-Ableger der klassischen Tageszeitungen erzielt eine nennenswerte Rendite. Internet-Leser bevorzugen Unterhaltungsportale wie *Yahoo!* oder *Web.de*. Hinzu kommt eine nicht mehr zu überschauende Zahl von Journalismus-Laien, die sich in Netzwerken und Weblogs an die Online-Öffentlichkeit wenden. In diesem Wust von Informationshäppchen wird der „Klick" zur zentralen Maßeinheit. Anders als in der klassischen Journalistenausbildung vermittelt, werden Nachrichten im Netz nicht mehr nach Wichtigkeit und Relevanz ausgewählt, sondern nach Einschaltquote. Daraus, so Range und Schweins, resultiere eine Themenselektion im „vorauseilenden Gehorsam". Alles Handeln sei ausgerichtet an den Bedürfnissen von Suchmaschinen und am Massengeschmack. Das Ergebnis sei „eine antizipierende, opportunistische und liebedienerische Auswahl, die sich auf technisch begleitetes Ausspionieren der Leser stützt".

An den Thesen ist vieles wahr. Die Journalistenausbildung, so scheint es, hechelt der technischen Entwicklung hinterher. In Windeseile wird Crossmedialität in die Ausbildung miteinbezogen. Die Arbeit an der Kamera, am Schnittplatz, im Studio kommt zur inhaltlichen Schulung hinzu. Dies ist eine im Prinzip richtige Entwicklung, solange junge Wirtschaftsjournalisten trotzdem Bilanzen verstehen und Recherche trainieren. Aber genau hier liegt das Problem. Nur wenige Schulen und Hochschulen nehmen dieses Thema wirklich ernst. Dort, wo es inhaltlich kompliziert wird, ziehen sich viele Ausbilder zurück. Ein Fach wie „Wirtschaftsjournalistik" fristet ein Außenseiterdasein.[2]

Dieser Trend beschränkt sich nicht nur auf Deutschland, er gilt international. Die Berichterstattung über Unternehmen, Branchen und Märkte scheint ein Thema für Spezialisten zu bleiben. Und das, obwohl die Relevanz der Wirtschaftsberichterstattung enorm ist. Altersvorsorge, Stu-

---

2 Moss, Christoph (2006): Wissenschaft für Außenseiter – Kaum jemand interessiert sich für das Zukunftsfach Wirtschaftsjournalistik – ein Fehler. In: Handelsblatt, 06.12.06, S. 9.

diengebühren, Gesundheitspolitik – alles ist Wirtschaft. Der Mensch als Arbeiter, Unternehmer oder Konsument ist direkt betroffen. Wirtschaft ist ein Querschnittsthema, mit einer stetig größer werdenden internationalen Dimension. Globalisierung, verschwimmende Grenzen, Internetökonomie, interkulturelles Management – die Herausforderungen wachsen. Die Wissensvermittlung wird dabei meist den Hochschulen überlassen. Es wäre wünschenswert, wenn Internationalität einen breiteren Raum in der praktischen Journalistenausbildung einnehmen würde.

Am größten ist die Herausforderung bei der Frage nach der journalistischen Unabhängigkeit. Spätestens bei Betrachtung von Onlinemedien kann man die Grenzen kaum noch erkennen. Wie viele Nutzer unterscheiden wirklich zwischen *Spiegel Online* und *Web.de?* Alles ist Information, alles ist scheinbar schnell, alles ist relevant.

Wirtschaftsjournalismus kann aber nur funktionieren, wenn die Systeme getrennt bleiben. Besonders heikel ist es, wenn beim Thema Geldanlage die Werte verschwimmen, wie das Beispiel von Markus Frick zeigt. Frick hatte drei Wertpapiere empfohlen, die den Namen nicht verdienten: Russoil, StarGold und Star Energy. Die *Frankfurter Allgemeine Zeitung* nahm sich des Themas an:

„Ihr vorläufiges Ende hat die Fernsehkarriere des ehemaligen Bäckers und Aktien-Gurus Markus Frick gefunden. Am 16. Juni hatte der Sender N24 die geplante letzte Folge der jüngsten Staffel von Fricks Show ‚Make Money' aus dem Programm genommen und die Zusammenarbeit mit dem Moderator ausgesetzt. Jetzt trennte sich N24 endgültig von Frick, wie der Sendersprecher Thorsten Pütsch dieser Zeitung sagte.

Der Sender reagierte damit auf die wütenden Attacken erboster Anleger, die in Fricks Blog auf den Internetseiten von N24 begonnen hatten und sich mittlerweile im Netz verbreitet haben. Vorgeworfen wird Frick Betrug, nachdem die Aktienkurse dreier zweifelhafter Kleinunternehmen abstürzten, die Frick in seiner E-Mail-Hotline, deren Bezug pro Jahr 898 Euro kostet, empfohlen hatte. Zwei Strafanzeigen gingen gegen Frick ein, die Bundesanstalt für Finanzdienstleistungsaufsicht hat eine Untersuchung eingeleitet.

Vor diesem Hintergrund zog N24 den Schlussstrich, ‚weil es keine Grundlage für eine weitere Zusammenarbeit gibt, wenn jemand so umstritten ist', wie Thorsten Pütsch sagte. Es werde ‚sicherlich keine neue Zusammenarbeit in irgendeiner Weise geben'. Es gehe dabei nicht darum, Schaden vom Sender abzuwenden, da sich Kritik und Ermittlungen weder gegen die Sendung noch ihren Moderator, sondern den Unternehmer Frick richteten.

Der von seinen Anhängern regelrecht verehrte Frick, die durch ihre Aktienkäufe die Kurse erst hochtrieben, hatte die Empfehlungen nicht in der Sendung gegeben. Doch war ihm von N24 gestattet worden, auf seine Internetseiten hinzuweisen, auf denen wiederum der E-Mail-Newsletter abonniert werden kann. Zudem kamen die umstrittenen Aktienempfehlungen bei Zuschaueranrufen vereinzelt zur Sprache, so N24-Sprecher Pütsch. Die bayerische Landesmedienanstalt prüft, ob es sich bei Fricks Hinweisen auf sein Netzangebot um legale Verweise auf Begleitmaterial oder um verbotene Schleichwerbung handelte. Geprüft werde auch, ob die Hinweise auf den Sponsor der Sendung, den Online-Broker Flatex, im Rahmen des Erlaubten ausgefallen seien."[3]

Für Journalistenausbilder heißt dies, früh die Bedeutung unabhängiger Recherche zu betonen. Dies können nur Redaktionen leisten, die selbst wirklich unabhängig sind. Aber auch hier zeigt die internationale Perspektive, dass ethisch sauberer Journalismus ein hohes, manchmal seltenes Gut ist. So haben die amerikanischen Ökonomen Jonathan Reuter und Eric Zitzewitz in einer empirischen Untersuchung festgestellt, dass eine Reihe von US-Anlegermagazinen im wahrsten Sinne des Wortes käuflich waren.[4]

Für die Zeit von 1997 bis 2002 untersuchten die Forscher Aktienfonds-Berichte von fünf großen US-Wirtschaftsmedien. Bei den Qualitätszeitungen *New York Times* und *Wall Street Journal* funktionierte die Trennung von Anzeigenmarkt und Redaktion. Aber bei den untersuchten Anlegermagazinen waren die Ergebnisse erschütternd. Bei den Magazinen *Money*, *Kiplinger's Personal Finance* und *Smart Money* stellten die Wissenschaftler einen engen Zusammenhang fest zwischen den Werbeausgaben einer Fondsgesellschaft und der Wahrscheinlichkeit, dass Fonds dieses Anbieters empfohlen wurden. Wie sollen Redaktionen in einem solchen Umfeld unabhängige Nachwuchsjournalisten ausbilden?

---

3   Hock, Martin (2007): Verspekuliert – N24 nimmt den „Börsenguru" Markus Frick vom Sender. In: Frankfurter Allgemeine Zeitung, 26.6.2007, S. 38.
4   Reuter, Jonathan/Zitzewitz, Eric (2006): Do Ads Influence Editors? Advertising and Bias in the Fiancial Media. In: The Quarterly Journal of Economics, Februar 2006, S. 197-226.

Wenn man Insider ist

Kehren wir zurück zu unserem Redaktionsteam, das an der Geschichte „Die Automobilindustrie in der Krise" arbeitet. Der Volontär recherchiert fleißig. Ein Analyst gibt ihm den Hinweis, dass zwei Unternehmen aus der Autozulieferindustrie unmittelbar vor einer Fusion stehen. Die Unternehmen, nennen wir sie A und B, sind börsennotiert. Der junge Journalist kennt eher zufällig einen leitenden Angestellten von A. Dieser Manager vertraut seinem Gesprächspartner und bestätigt die Information. Der Volontär spricht mit seinen Kollegen über das Ergebnis seiner Arbeit. Diese machen sich die neue Information zunutze und recherchieren erfolgreich bei ihren Quellen weiter. Die Nachricht von der Fusion erhärtet sich. Der Zusammenschluss soll tatsächlich am kommenden Tag bekannt geben werden. Es ist klar, dass diese Fusion den Kurs der Aktien stark beeinflussen wird. Noch am selben Tag kauft der Volontär über das Internet Aktien der beteiligten Firma A. Seiner Redaktion gegenüber verschweigt er diesen Kauf. Erst am nächsten Tag wird in der Zeitung über die Fusion zu lesen sein.

Der Volontär vollzieht ein so genanntes Insidergeschäft – und Insidergeschäfte sind nach dem Wertpapierhandelsgesetz verboten. Das Verbot bezieht sich auf Insiderpapiere und Insiderinformationen. Insiderpapiere sind Wertpapiere und Finanzinstrumente, die an einer inländischen oder europäischen Börse (das heißt in einem Mitgliedstaat der EU) zugelassen sind. Insiderinformationen sind Tatsachen, die den Kurs eines Wertpapiers erheblich beeinflussen können. Eine Insiderinformation liegt auch dann vor, wenn ein Journalist weiß, dass in der Presse eine Empfehlung bevorsteht, die den Kurs voraussichtlich erheblich beeinflussen wird. Diese noch nicht öffentliche Vorausinformation darf nicht geschäftlich genutzt werden. Folgende Regelungen des Wertpapierhandelsgesetzes sind für die Ausbildung von Wirtschaftsjournalisten besonders relevant (§14 WpHG):

➲ Journalisten dürfen Insiderinformationen nicht verwenden, wenn sie für eigene oder fremde Rechnung für sich selbst oder für einen anderen Wertpapiere erwerben oder veräußern.

○ Journalisten dürfen Insiderinformationen grundsätzlich nicht einem anderen mitteilen oder zugänglich machen. Allerdings ist die journalistische Veröffentlichung der Insiderinformation ausdrücklich gewünscht.

○ Journalisten dürfen nicht aufgrund ihrer Insiderkenntnisse – außerhalb journalistischer Publikationen – einem anderen empfehlen, Insiderpapiere zu erwerben oder zu veräußern oder jemanden sonst dazu verleiten. Aber: Die journalistische Tätigkeit ist nicht untersagt. Auch Empfehlungen dürfen journalistisch veröffentlicht werden.

Ebenfalls nach dem Wertpapierhandelsgesetz sind Marktmanipulationen verboten (§ 20a WpHG). Eine Marktmanipulation ist eine Ordnungswidrigkeit bzw. Straftat (§§ 38, 39 WpHG). Sie liegt vor, wenn falsche oder irreführende Angaben über Umstände gemacht werden, die geeignet sind, auf den Kurs eines Wertpapiers einzuwirken. Solche Umstände werden „bewertungserheblich" genannt. Entsprechendes gilt, wenn diese Umstände unberechtigt verschwiegen werden.

Für Journalisten gilt ein besonderer Maßstab. Ihr Handeln wird nach den berufsständischen Regeln beurteilt. Diese Regelung gilt aber nur, wenn der Redakteur aus journalistischen Motiven und damit in Ausübung seines Berufes tätig ist. Beim so genannten *Scalping* etwa – einer besonderen Form der Marktmanipulation – wird der allgemein gültige Maßstab angelegt. *Scalping* liegt vor, wenn Journalisten (auch sachgerechte) Stellungnahmen oder Empfehlungen abgeben, ohne dabei bestehende eigene Interessenskonflikte offen zu legen – also etwa wenn ein Redakteur vor Veröffentlichung einer Empfehlung einen Kaufauftrag für das empfohlene Wertpapier abgegeben hat. Problematisch ist dabei nicht die Veröffentlichung, sondern dass der Journalist die persönlichen Umstände verschwiegen hat.

2006 wurden die „Journalistischen Verhaltensgrundsätze des Deutschen Presserats zu Insider- und anderen Informationen mit potentiellen Auswirkungen auf Wertpapierkurse"[5] verabschiedet. Der Pressekodex wurde um eine spezielle Richtlinie zur Wirtschafts- und Finanzmarktberichterstattung erweitert:

---

5 Deutscher Presserat (2006), Journalistische Verhaltensgrundsätze des Deutschen Presserats zu Insider- und anderen Informationen mit potentiellen Auswirkungen auf Wertpapierkurse, März 2006.

„Journalisten und Verleger, die Informationen im Rahmen ihrer Berufsausübung recherchieren oder erhalten, nutzen diese Informationen vor ihrer Veröffentlichung ausschließlich für publizistische Zwecke und nicht zum eigenen persönlichen Vorteil oder zum persönlichen Vorteil anderer. Journalisten und Verleger dürfen keine Berichte über Wertpapiere und/oder deren Emittenten in der Absicht veröffentlichen, durch die Kursentwicklung des entsprechenden Wertpapieres sich, ihre Familienmitglieder oder andere nahestehende Personen zu bereichern. Sie sollen weder direkt noch durch Bevollmächtigte Wertpapiere kaufen bzw. verkaufen, über die sie zumindest in den vorigen zwei Wochen etwas veröffentlicht haben oder in den nächsten zwei Wochen eine Veröffentlichung planen. Um die Einhaltung dieser Regelungen sicherzustellen, treffen Journalisten und Verleger die erforderlichen Maßnahmen. Interessenskonflikte bei der Erstellung oder Weitergabe von Finanzanalysen sind in geeigneter Weise offenzulegen." (Richtlinie 7.4 Wirtschafts- und Finanzmarktberichterstattung)

Dies betrifft zum Beispiel den Fall, dass ein Volontär Aktien eines Unternehmens besitzt und dieser sich in einem Bericht davon leiten lässt, den Kurs zu steigern, um nach einer Kurssteigerung seine Wertpapiere zu veräußern. Der Pressekodex fordert angemessene organisatorische Maßnahmen, um Interessenskonflikte zu vermeiden. Wie diese Maßnahmen aussehen, hängt vom Einzelfall ab. Ein Kriterium soll dabei die Bedeutung der Finanzmarktberichterstattung für das Verlagshaus sein. Denkbar wäre beispielsweise, kursrelevante Insiderinformationen nur bestimmten Mitarbeitern zugänglich zu machen. Dies ließe sich über Zugangsbeschränkungen im EDV-System umsetzen. Außerdem schlägt der Presserat vor, abgestufte Regelungen über erlaubten Wertpapierbesitz zu erlassen, je nachdem ob Journalisten kontinuierlich oder nur gelegentlich über bestimmte Branchen berichten.

Besonders sensibel ist die Frage der Offenlegung von Wertpapierbesitz: Der Presserat regt an, ein internes Register aufzubauen. Die Entscheidung darüber aber liegt bei dem betroffenen Verlag. In der Praxis existieren derartige Regelungen bereits und sind auch arbeitsrechtlich relevant. Wertpapierbesitz vollständig nach außen – also an die Leser – zu kommunizieren, hält der Presserat nicht für sinnvoll. Dies schließt jedoch nicht aus, dass ein Redakteur in einem konkreten Fall darlegen kann, dass er Wertpapiere, über die er in dem Artikel schreibt, besitzt oder damit gehandelt hat.

Für die Journalistenausbildung können solche Regelungen heilsame Wirkung entfachen. Wenn Volontäre frühzeitig spüren, dass ihre Verantwortung auch disziplinarisch verankert ist, machen sie sich die Bedeutung ihres Handelns eher bewusst, als wenn sie nur Sonntagsreden über ethisch korrektes Verhalten hören. Die offene Diskussion über solche Regelungen fördert das Bewusstsein für das eigene Tun.

Über den schwierigen Umgang mit Analysten

Journalisten sind auf Analysten als Informationsquelle angewiesen. Analysten erfahren viele Dinge, die ein Unternehmen den Journalisten am liebsten nicht mitteilen würde. Allerdings ist nicht jede Information brauchbar. Journalisten müssen sehr selektiv mit dieser Berufsgruppe umgehen, was insbesondere Volontäre vor scheinbar unlösbare Aufgaben stellen kann. Oft genug haben Analysten in der Vergangenheit das Vertrauen der Öffentlichkeit missbraucht und sind dafür zurecht in die Kritik geraten.

Der Niedergang an den Börsen nach 2001 war begleitet von zahlreichen Analystenskandalen – insbesondere in den USA. Analysten hatten Aktien gezielt zu positiv bewertet, um ihren Kollegen im Investment-Banking das Geschäft mit den betroffenen Unternehmen zu erleichtern.

„Während des Börsenbooms hatten viele Analysten den Bankkunden nur einen Ratschlag gegeben: ‚kaufen'. So empfahl zum Beispiel die weltgrößte Bank Citigroup am 29. Januar 2001 von genau 1179 bewerteten Aktien keine einzige zum Verkauf. Lediglich ein Titel erhielt das Urteil ‚underperform', ‚unterdurchschnittlich'. Diese Statistik fand Generalstaatsanwalt Eliot Spitzer in einer der bankinternen E-Mails, die seine Mitarbeiter auf unsaubere Interessenkonflikte hin durchforsteten.

Spitzer wirft den Citigroup-Bankern vor, sie hätten ‚genau verstanden, auf welche Weise ihr Research manipuliert war' – und trotzdem nichts dagegen unternommen. Die Bank verpflichtete sich, 400 Millionen Dollar an die Behörden zu zahlen, die höchste im ‚global settlement' vereinbarte Einzelsumme. Citigroup-Chef Sandy Weill darf laut Presseberichten nur noch in Anwesenheit eines Anwalts mit seinen Analysten sprechen."[6]

---

6 Moerschen, Tobias (2003): Auseinander! Die Trennung von Analysten und Investmentbankern treibt bizarre Blüten. In: Handelsblatt, 27.5.2003, S. 12.

Eigentlich sollten Analysten und Investmentbanker durch so genannte *Chinese Walls* voneinander getrennt arbeiten. Eine Regel, die in der Praxis nicht immer funktionierte. Vor allem durch ihre pikante Doppelrolle erwirtschafteten die Research-Abteilungen der Großbanken Gewinn. Einerseits regten sie Investoren mit ihren Anlageideen zum Aktienkauf an. Gleichzeitig verhalfen sie durch ihre Kontakte zu analysierten Unternehmen den Investmentbankern zu Aufträgen.

Jack Grubman zum Beispiel war einst der führende Wall-Street-Analyst für Telekomunternehmen. Er kassierte 26 Millionen Dollar im Jahr für Analysen, die vor allem lukrative Investment-Banking-Mandate brachten. Sein spektakulärstes Fehlurteil: Bis wenige Tage vor dem Bankrott des Worldcom-Konzerns riet der Telekomanalyst noch zum Kauf der Aktie. Und Citigroup-Chef Sandy Weill brachte er beinahe zu Fall. Denn in einer E-Mail räumte Grubman im Januar 2001 ein, er habe das Anlageurteil über den Telekomriesen AT&T auf Wunsch von Citigroup Chef Sandy Weill und gegen seine Überzeugung geschönt.

Als die Internet-Börsenblase platze, deckte Staatsanwalt Spitzer die Interessenkonflikte der Analysten auf. Privatanleger reagierten entsetzt. Sie hatten keine Ahnung von den Nebengeschäften der Analysten als Investmentbanker. Spitzer zwang die Branche zu einem Paradigmenwechsel. Fortan müssen Wertpapierhäuser Analyse und Investment-Banking strikt trennen.

Der journalistische Umgang mit Börsenempfehlungen ist nicht verboten. Im Gegenteil: Der Deutsche Presserat betont deutlich, dass diese Art des Umgangs zulässig ist. Wirtschaftsjournalisten müssen sich also vor allem die Frage stellen, wie sie mit Analysten und mit Empfehlungen umgehen. Und hier scheint noch einiges verbesserungswürdig zu sein. Auch wenn es per se nicht verboten ist, sollten Wirtschaftsjournalisten keine eigenen Empfehlungen abgeben. Aktienempfehlungen in Medien können Kurse beeinflussen[7]. Dem Privatanleger und damit dem Leser

---

7 Höhne, Andrea/Ruß-Mohl, Stephan (2005): Desinformation als kollateraler Schaden – Konjunktur und Krise der Wirtschaftsberichterstattung. In: Neue Zürcher Zeitung, 30.12.2005.
Kladroba, Andreas (2002): Die Qualität von Aktienempfehlungen in Publikumszeitschriften. Teil 2. Diskussionsbeiträge aus dem FB Wirtschaftswissenschaften der Universität Essen Nr. 122, 2002.

nützt dies aber häufig nichts. Er hat einen Informationsrückstand, weil die handelnden Personen an der Börse in der Regel viel schneller Informationen erhalten und diese verwerten können. Finanzjournalisten sollten daher einige Spielregeln einhalten:

- Wenn Analysten in einem Artikel zitiert werden, dann immer mit vollem Namen. Ansonsten hat der Leser keine Chance zu ermitteln, ob der Analyst wirklich frei von Eigeninteressen handelt.
- Auf jeden Fall müssen absehbare Interessenskonflikte des Analysten thematisiert werden. So ist es wichtig zu erfahren, ob die Bank, für die der Analyst arbeitet, in irgendeiner Form mit dem betroffenen Unternehmen verbunden ist. Dieser Fall läge beispielsweise vor, wenn die Bank im Konsortium saß, das dieses Unternehmen an die Börse gebracht hat.
- Journalisten müssen sich immer klar machen, dass es kein ausgewogenes Verhältnis von Kauf- und Verkaufsempfehlungen gibt. In der Regel tendieren die Urteile der Analysten deutlich stärker in Richtung „Kauf" als in Richtung „Verkauf".

Trotz aller Vorbehalte sind Analysten eine wichtige Informationsquelle. Sie haben oft exklusiven Zugang zu Finanzinformationen. Die Aufgabe der Wirtschaftsjournalisten besteht darin, sich ein Netzwerk zuverlässiger Analysten aufzubauen. Die „Analyse der Analysten" ist daher in den vergangenen Jahren zu einem ganz wichtigen Thema der Finanzberichterstattung geworden.

Was man Journalistenschülern deutlich machen muss: Analysten sprechen keine einheitliche Sprache. Zwar verwenden sie die gleichen oder ähnlich klingende Begriffe; aber deren Bedeutung ist von Bank zu Bank unterschiedlich. Journalisten müssen sich also wappnen, damit sie ihre Gesprächspartner überhaupt verstehen können. Christof Schürmann beschreibt es in der *Wirtschaftswoche* so:

Moss, Christoph (2004): Der psychologische Beitrag der Medien – Balsam für geschundene Seelen. In: Students Business Review, Universität St. Gallen, 7/2004, S. 22-23.
Schuster, Thomas (2002), Fifty-Fifty. Aktienempfehlungen und Börsenkurse. Wirkungen und Nutzen von Anlagetips in den Wirtschaftsmedien, Institut für Kommunikations- und Medienwissenschaft Universität Leipzig, Working Paper Nr. 1 vom 17.12.2002.

„Wer eine Aktie schlecht findet, stuft sie lieber von ‚unbedingt kaufen' auf ‚kaufen' zurück. In der Branche weiß jeder, was gemeint ist, die Unternehmenskunden dürfen sich angesichts der vermeintlichen Kaufempfehlung immer noch geschmeichelt fühlen – nur der Privatanleger kennt das Spiel womöglich nicht und läuft in die falsche Richtung.
So rät Merrill Lynch nur bei acht Prozent der gut 3000 beobachteten Aktien zum Verkauf. Die Analysten der Bank of America stufen nur jedes 25. Papier negativ ein, die Deutsche Bank nur eines von 16. Immerhin 13 und 17 Prozent aller Aktien halten die UBS und Morgan Stanley für eine schlechte Anlage. Zwischen 34 und 48 Prozent aller Papiere erhalten von den 15 größten Analysehäusern weltweit aktuell jedoch das Etikett ‚kaufenswert'."[8]

Das *Handelsblatt* veröffentlicht regelmäßig Tabellen, die erklären, was ein Analyst meint, wenn er „kaufen" sagt. So reicht etwa bei der DZ Bank ein Kurspotenzial von fünf Prozent, um eine Kaufempfehlung auszusprechen[9]. Bei Dresdner Kleinwort Wasserstein sind für dieses Urteil zehn Prozent nötig, beim Brokerhaus Equinet sogar 15 Prozent. Große Unterschiede gibt es auch beim Zeithorizont, auf den sich die Bewertung bezieht. Bei Helaba Trust sind es drei bis sechs Monate, bei der Bayerischen Landesbank hingegen zwei Jahre. Die meisten Banken bewegen sich bei ihren Prognosen in einem Zeithorizont von sechs bis zwölf Monaten.

Sauber recherchieren

Journalisten benötigen Informationen. Ein großer Teil davon gelangt unaufgefordert in die Redaktion. Daher ist die wichtigste Botschaft: Nie kommt ein Journalist ohne eigene Recherche aus. Wirtschaftsjournalisten sehen sich der besonderen Situation ausgesetzt, dass der Unterschied zwischen dem, was Unternehmen veröffentlichen wollen, und dem, was Journalisten interessiert, häufig sehr groß ist.

Gerade junge Journalisten sollten sich immer die Fragen stellen, warum ausgerechnet sie zu einem bestimmten Zeitpunkt eine Information bekommen. Nur allzu oft fühlen sich junge Kollegen geschmeichelt, weil

---

8   Schürmann, Christof (2007): Innere Werte. In: Wirtschaftswoche vom 29.01.2007, S. 106-109.
9   Schnell, Christian (2005): Analysten sprechen verschiedene Sprachen. In: Handelsblatt vom 25.1.2005, S. 34.

sie eine vermeintlich geheime Information zugesteckt bekommen haben. Gerade im Wirtschaftsjournalismus können Journalisten damit schnell zum Handlanger beteiligter Interessensgruppen werden. Gerne werden Gerüchte und Halbinformationen gestreut, wenn es um persönliche Machtkämpfe oder um Firmenübernahmen geht. Niemals dürfen Wirtschaftsjournalisten nur einer Quelle vertrauen. Daher lautet eine ganz zentrale Botschaft in der Ausbildung:

⊃ Eine Wirtschaftsgeschichte muss, wie jede Geschichte im Journalismus, immer auf zwei voneinander unabhängigen Quellen beruhen.

Darüber hinaus sollte man jungen Journalisten eine Art Checkliste für den Umgang mit Informanten und Quellen an die Hand geben. Diese Punkte sollten bei der Recherche geprüft werden:

⊃ Kompetenz
⊃ Interessenlage/Motivation
⊃ Glaubwürdigkeit
⊃ Stellung in der Wissenskette (Insider, Outsider, Konkurrent, Betroffener)
⊃ Richtigkeit der Information
⊃ Sprachregeln (etwa bei Analysten)
⊃ Gebrauch von Floskeln
⊃ Informationspflicht (vor allem bei Unternehmen)

Wirtschaftsjournalisten müssen bei der Recherche nach den Grundsätzen der Vertraulichkeitsabsprache vorgehen. Wenn ein Informant nicht als solcher genannt werden will, muss der Redakteur dies sicherstellen. Es ist täglich eine neue Abwägungsfrage, wie genau man die Qualität der Quelle wiedergibt. Für junge Journalisten ergibt sich ein Zielkonflikt: Er besteht darin, den Informanten zu schützen und gleichzeitig qualitativ hochwertige Quellen nachweisen zu können. Die Angabe „Marktbeobachter" ist nahezu wertlos, die Quelle „Finanzkreise" ist sehr ungenau, das „Vorstandsmitglied einer deutschen Großbank" dagegen schon vergleichsweise konkret.

Journalisten sind bei der Recherche auch auf das persönliche Gespräch mit Entscheidungsträgern angewiesen. Interviews mit angloamerikanischen Partnern sind sehr dankbar, weil diese sich in der Regel auf die Wiedergabe des gesprochenen Wortes verlassen. Deutsche Gesprächspartner legen hingegen großen Wert darauf, die Interviews in gedruckter Form noch einmal autorisieren zu dürfen, bevor der Journalist sie drucken darf. Dies kann zur Folge haben, dass ein vorsichtiger PR-Mitarbeiter die im Originalton mutigen Aussagen seines Unternehmenschefs „entschärft" oder den Text gar ganz neu verfasst. Wer seinem Gesprächspartner zusichert, dass dieser das Interview autorisieren darf, muss sich daran halten. Wer dagegen verstößt, verletzt die Persönlichkeitsrechte des Interviewten. Das einzige – manchmal sehr wirksame – Druckmittel der Redaktion bleibt der völlige Verzicht auf den Abdruck.

Das Beispiel Öko-Investments

Die Deutschen scheinen ihr Herz für ethisch-ökologische Geldanlagen entdeckt zu haben. Die *Süddeutsche Zeitung* fasste dies zu einer Meldung zusammen:

> „Der Markt für nachhaltige und ethische Fonds wächst rasant. Ende Juni steckten 19,1 Milliarden Euro in solchen Anlagen, hat der Branchendienst ecoreporter.de errechnet. Zu Jahresbeginn war es noch etwa ein Drittel weniger gewesen. Zum Vergleich: 1997 hatten die Investments erst knapp ein Fünfzigstel des jetzigen Wertes ausgemacht. Besonders erfolgreich waren den Angaben zufolge nachhaltige Aktienfonds. Ende Juni gab es 77 mit einem Gesamtwert von 15,0 Milliarden Euro. Ende 2006 waren es noch 66 mit einem Volumen von 9,7 Milliarden Euro gewesen. Relativ unverändert blieben die Investments in Renten-, Dach- und Mischfonds. Das Volumen von Fonds aus dem Bereich Erneuerbare Energien – sie sind in der Übersicht nicht enthalten – verdoppelte sich annähernd und erreichte mehr als 4,5 Milliarden Euro."[10]

---

10 mrm, Autorenkürzel (2007): Nachhaltige und ethische Fonds boomen. In: Süddeutsche Zeitung, 10.8.2007, S. 26.

Eine wichtige Botschaft steht im letzten Satz der Nachricht:

„Trotz des Booms bleiben Nachhaltigkeit und Ethik ein Nebenthema. Nach Angaben des Branchenverbandes BVI steckten Ende Juni insgesamt 659 Milliarden Euro in Fonds, also 30-mal so viel."

Auf den ersten Blick also scheint man es mit einer explosionsartigen Entwicklung zu tun zu haben. Bei genauerem Hinsehen aber bewegt sich der Markt noch immer auf vergleichsweise niedrigem Niveau. So erreichte ein herkömmlicher, großer Publikumsfonds 2007 schon annähernd das Volumen der gesamten Ökobranche in Deutschland. Das Geschäft mit nachhaltigkeitsorientierten Kapitalanlagen ist folglich nicht mehr als ein „Nischenmarkt".

Gleichwohl haben Finanzkonzerne und Journalisten gleichermaßen den thematischen Reiz der Nische erkannt. Immer wieder berichten Wirtschaftszeitungen und Magazine in Serien, Specials und Hintergrundstücken über die Öko-Investoren an der Börse. Dies ist im Prinzip lobenswert. Aber die Gefahr ist groß, dass sich unerfahrene Journalisten in einer Nebelwolke schöner „Öko"-Ankündigungen verlieren.

Das Problem bei der oft gut gemeinten Berichterstattung über „Öko-Investments": Es gibt kein amtliches Gütesiegel für ethisch korrekte Geldanlage. Auch bei vermeintlich ökologischen Portfolios können immer wieder Aktien von Energie-, Rüstungs- oder Chemiekonzernen auftauchen, die viele Anleger eigentlich meiden wollen.

Volontäre, die über Öko-Investments schreiben wollen, benötigen zunächst eine Struktur. In der Ausbildung muss man sie mit der Welt der Indizes vertraut machen – in diesem konkreten Fall geht es um Nachhaltigkeitsindizes. Mit diesen Instrumenten können Journalisten erkennen, wie sich der Markt für nachhaltige Geldanlagen entwickelt. Ein solcher Index fasst die Aktien von Unternehmen zusammen, die nach Meinung des Indexanbieters nachhaltig wirtschaften. Die Bandbreite ist groß. Das Handelsblatt etwa arbeitet mit dem „Dow Jones Sustainability Index", dem „FTSE4Good", dem „Domini 400 Social Index" und dem „Natur-Aktienindex".

Vor allem aber sollten sich Journalisten den Rechenschaftsbericht eines Fonds genau ansehen. Er enthält Angaben darüber, in welche Art von Unternehmen das Geld der Anleger fließt. Thomas Hammer hat dies für die Onlineausgabe der *Zeit* getan. Das Beispiel zeigt, wie wichtig gezielte Recherche auch bei Themen ist, die nicht im Verdacht stehen, einen Skandal zu beschreiben:

„Ein Paradebeispiel scheint auf den ersten Blick der ‚Equity Fund Green Invest' von Swisscanto, der Fondsgesellschaft der schweizerischen Kantonalbanken zu sein. Nicht nur grün, sondern äußerst erfolgreich noch dazu – so präsentiert sich der Fonds, der laut Fondsmanagement weltweit vorwiegend in Unternehmen investiert, die ‚den Grundsätzen der ökologischen und sozialen Nachhaltigkeit Folge leisten'. In den letzten drei Jahren legte der Fonds um insgesamt 89 Prozent zu, während der MSCI-Weltaktienindex als Vergleichsmaßstab nur um 51 Prozent stieg.
Wer jedoch in den Fondsberichten nachschaut, mit welchen Aktien solche Gewinne möglich sind, steht vor der Frage: Wie grün ist dieser Fonds wirklich? Zwar ist derzeit der Sonnenenergiekonzern Solarworld das größte Einzelinvestment, doch dicht dahinter folgen der Pharmakonzern Johnson & Johnson, der Konsumgüter-Multi Procter & Gamble, die Bank of America und der Computerkonzern IBM. Das sind Unternehmen, die nicht unbedingt das Image von grünen Pionieren haben."[11]

Zusammenfassung

Ausbildung lohnt sich, aber speziell im Wirtschaftsjournalismus setzt sie hohe ethische Standards voraus. Dabei sollte man den Begriff „Ethik" nicht mit gelebtem Gutmenschentum gleichsetzen. Vielmehr geht es darum, handwerklich umsetzbare Spielregeln zu entwickeln, die Volontären und Ausbildern weiterhelfen.

Im Lichte von Crossmedialität und Internationalisierung wird Unabhängigkeit zu einem hohen Gut. Die Orientierung an den Verhaltensgrundsätzen des Presserats ist sinnvoll. Sie schärft das Bewusstsein für verbotenes Handeln. Ebenso sinnvoll ist es, sich mit Analysten auseinanderzusetzen. Sie sind eine wichtige Recherchequelle. Der Umgang mit ihnen kann heikel sein. Aber wer sich darauf beschränkt, alle Analysten als unseriös zu verurteilen, macht es sich zu leicht. Es ist wie der Umgang mit dem Feuer: Er ist manchmal notwendig und muss daher trainiert werden.

---

11 Hammer, Thomas (2006): Grün als Glaubensfrage. In: Zeit online vom 18.7.2006, abgerufen am 14.8.2007. (online: http://www.zeit.de/online/2006/29/nachhaltige-fonds)

Vor allem Verlagsmanager und Redaktionsverantwortliche tragen dazu bei, dass Volontäre ethisch sauber handeln: Verloren hat, wer die Unabhängigkeit der Redaktion predigt und gleichzeitig Koppelgeschäfte zwischen Anzeigen und Berichterstattung zulässt. Vor allem in der Online-Welt beginnen die Grenzen zwischen Journalismus und Kommerz zu verschwimmen. Eine gefährliche Entwicklung, denn auch hier ist das Verhalten der Verantwortlichen maßgeblich. Vor diesem Hintergrund darf die Journalistenausbildung eine wichtige Aufgabe nicht vernachlässigen: Sie muss Nachwuchsredakteure fit machen in journalistischer Recherche – auch wenn das Umfeld in den Redaktionen in Zukunft mit Sicherheit schwieriger werden dürfte.

Weiterführende Literatur

Frühbrodt, Lutz (2007): Wirtschaftsjournalismus. Ein Handbuch für Ausbildung und Praxis. Berlin: Econ.
Haas, Alexander/Scheufele, Bertram (2008): Medien und Aktien. Theoretische und empirische Modellierung der Rolle der Berichterstattung für das Börsengeschehen. Wiesbaden: VS Verlag für Sozialwissenschaften.
Heinrich, Jürgen/Moss, Christoph (2006): Wirtschaftsjournalistik. Grundlagen und Praxis. Wiesbaden: VS-Verlag für Sozialwissenschaften.
Viehöver, Ulrich (2003): Ressort Wirtschaft. Konstanz: UVK.

Kapitel 12: Ethische Anforderungen im digitalen Journalismus
Perspektiven der Forschung (John Pavlik)

Dicke Rauchschwaden steigen im Sommer 2006 über der libanesischen Hauptstadt Beirut auf. Gerade haben israelische Kampfflugzeuge ihr Bombardement beendet. Der Libanese Adnan Hajj ist zur richtigen Zeit am richtigen Ort und drückt auf den Auslöser seiner Kamera. Anschließend verkauft der freie Mitarbeiter von *Reuters* das Bild der düsteren Szene an die Agentur. Das Foto überzeugt auch die deutschen Chefredakteure – wenige Stunden später zieren die dicken Rauchwolken die Nachrichtenseiten zahlreicher Internetportale. Erst aufmerksame Online-Leser stolpern über das Bild, als ihnen auffällt, dass die einzelnen Rauchschwaden ein verdächtig ähnliches Muster der Rauchentwicklung aufweisen. Und tatsächlich: Adnan Hajj hatte mit Hilfe des Programms Photoshop sowie den Tasten Copy und Paste die Rauchentwicklung verstärkt, um das Bild besser verkaufen zu können. Nachforschungen ergaben, dass der freie Mitarbeiter weitere Fotos gefälscht hatte und zudem seine Bilder direkt selbst in der Datenbank der Agentur speicherte, statt sie zuerst an ein Redaktionsbüro zu schicken. Als Konsequenz löschte *Reuters* alle Fotos des Fälschers und kündigte seine Anstellung.

Der Fall zeigt, dass Bilder aus Kriegs- und Krisenregionen möglichst spektakulär sein müssen. Je höher die Einschaltquote, die Verkaufszahlen oder die Klicks, desto größer die Werbeeinnahmen. Die Versuchung scheint groß, ein nicht ganz so aufsehenerregendes Bild mit ein paar Mausklicks grausamer oder beeindruckender zu machen. Da die Möglichkeiten digitaler Video- und Fotobearbeitung von Monat zu Monat besser und vor allem günstiger werden, steigt die Gefahr, das Original nicht mehr von der Fälschung unterscheiden zu können.

Lernziele

◯ Welchen ethischen Konflikten begegnen Journalisten im digitalen Zeitalter?
◯ Wie anfällig für Manipulationen sind digitale Medien?
◯ Welche Auswirkungen auf die journalistische Arbeit hat die so genannte Digitale Kluft?

Ethisches Verhalten und wirtschaftliches Arbeiten sind zwei große Themenblöcke, die Debatten und Diskussionen über die Zukunft des Journalismus im digitalen Zeitalter anheizen. Aus ethischer Sicht gibt es zahlreiche Probleme, die sich aus den neuen Medien ergeben. Es gibt zwei Arten von ethischem Fehlverhalten: Ermessensfehler und Unterlassungsfehler.

◯ Ermessensfehler beziehen sich auf Dinge, die Journalisten und Medienfachleute nicht tun sollten, z. B. Geschenke von Informanten annehmen oder auf andere Weise einen Interessenskonflikt hervorrufen, der die Integrität oder Unabhängigkeit des Journalisten kompromittieren könnte. Weitere Beispiele hierfür sind die Verwendung anonymer Quellen (mit Ausnahme einiger genau definierter Situationen), das Kopieren von Fremdmaterial, das freie Erfinden von Quellen oder Zitaten oder das Verfassen sensationslüstern aufgemachter Schlagzeilen.
◯ Unterlassungsfehler sind Dinge, die getan werden müssten, von Journalisten und anderen Medienfachleuten aber nicht getan werden. Beispielsweise sollten Journalisten in gewissen Fällen ihren Informanten genaue, auch nachfassende Fragen stellen. Sie unterlassen dies vielleicht aber, weil sie Angst haben, damit eine gute Quelle zu vergraulen. Ein weiteres Beispiel wäre ein Fernsehmanager, der eine Komödie über eine Freundesclique in New York City nur mit weißen Schauspielern besetzt, obwohl ihm bewusst ist, dass es jungen Zuschauern besser als Rollenmodell dienen würde, wenn die Besetzung die multikulturelle Zusammensetzung der Einwohner New York Citys widerspiegelte. Ein Filmproduzent lässt unter Umständen unnötige Sex- oder Gewaltszenen in einem neuen Film zu, in der Hoffnung, bessere Kassenerfolge zu erzielen – obwohl ihm bewusst

ist, dass Studien den schädigenden Einfluss belegen, den derartige Szenen auf ein jugendliches Publikum haben können. Ermessensfehler sind aber die ethischen Fehltritte, die am ehesten auffallen und am häufigsten diskutiert werden. Im Fall Jayson Blair (vgl. Kapitel 1) hat es ganz offensichtlich auch diese Ermessensfehler gegeben. Er hat Dinge getan, die er nicht hätte tun dürfen, wodurch der Wahrheitsgehalt der Nachrichten kompromittiert wurde.

Steigende Fehlergefahr im digitalen Zeitalter

Ob und wann eine anonyme Quelle verwendet werden kann oder die Identität einer Quelle geschützt werden muss, ist ein Thema, das den Journalismus sowohl im analogen als auch im digitalen Format betrifft. In unserer vernetzten Welt allerdings ist ein Name, sobald er einmal veröffentlicht wurde, weltweit und wahrscheinlich in alle Ewigkeit für jedermann zugänglich, weil es keine Möglichkeit gibt, die Daten definitiv zu löschen. Deswegen erhält das Problem der anonymen Quellen eine ganz neue Bedeutung. Ein besonders problematischer Bereich ist die namentliche Nennung von Opfern sexuellen Missbrauchs oder von Vergewaltigungen. Hier müssen Journalisten häufig ihre Quellen schützen, nicht nur weil diese sonst versiegen würden – auch, weil die Berichterstattung sonst unermesslich belastende Folgen für die Opfer haben könnte.

In vielerlei Hinsicht nehmen ethische Ermessensfehler durch die digitale Technologie ein nie zuvor da gewesenes Ausmaß an. Über das Internet kann ein Reporter so problemlos wie nie zuvor Artikel anderer Reporter stehlen. Song-Piraterie über File Sharing-Websites ist mit einem simplen Mausklick erledigt.

Digitale Effekte ermöglichen sehr realistische Folter- und Mordszenen auf dem Bildschirm, die so blutrünstig und grausam wie die wildesten Fantasien des jeweiligen Regisseurs sind. Die digitale Fotografie ermöglicht es, digitale Nachrichtenfotos so zu bearbeiten, dass selbst ein geschultes Auge die Nachbearbeitungen kaum mehr erkennen kann. Derartige Manipulationen, nachgestellte oder synthetische Bilder werden vom Ehrenkodex der meisten Nachrichtenorganisationen verboten oder sind zumindest verpönt. Einer der bekanntesten frühen Fälle eines digital manipulierten Fotos, das als authentisches Foto veröffentlicht wurde, ist wahrscheinlich das Umschlagbild der Zeitschrift *Time* im November 1994 von O.J. Simpson, das aus Gründen der Dramatik dunkler eingetönt wurde, so dass der mutmaßliche Mörder auf dem Foto finster und grimmig wirkte. Wahrscheinlich hätte keiner die Manipulation bemerkt, wenn nicht in derselben Woche das Konkurrenzmagazin *Newsweek* das gleiche Foto veröffentlicht hätte (es handelte sich um das Polizeifoto Simpsons vom Los Angeles Police Department), allerdings unbearbeitet. Wenn man die beiden Umschlagbilder nebeneinander hielt, war es unübersehbar, dass *Time* sein Umschlagbild bearbeitet hatte.

Durch die digitale Technologie ist es auch für Fernsehjournalisten relativ einfach geworden, falsche oder irreführende Bilder einzuarbeiten.

Bildmanipulation – ein Fallbeispiel

Ein gutes Beispiel ist die Millennium-Sendung von *CBS News* zum Neujahrsabend 2000, bei der mit digitaler Technologie der Times Square in New York bearbeitet wurde. Mit der gleichen Technologie, die verwendet wird, um eine virtuelle gelbe First-Down-Linie bei Fernsehsendungen über die nordamerikanische National Football League einzublenden, blendete *CBS* ein im Bild effektiv vorhandenes *NBC*-Fernsehzeichen – *NBC* ist ein direkter Konkurrent von *CBS* – im Times Square aus und stattdessen ein virtuelles *CBS*-Logo ein. Einige Zuschauer, die wussten, wie der echte Times Square aussieht, riefen beim Fernsehsender an und beschwerten sich, woraufhin der *CBS News*-Moderator Dan Rather sich entschuldigte und versicherte, dass sich ein derartiger Vorfall nicht wiederholen würde. Natürlich wird die Technologie täglich in der *CBS*-Morgenshow eingesetzt, um das *CBS*-Logo virtuell an verschiedenen Schauplätzen in New York einzublenden. Der Frage, inwieweit Zuschauer durch diese digitale Zauberei in die Irre geleitet oder geschädigt werden, wird dabei keinerlei Bedeutung mehr zugemessen.

In Deutschland wird die digitale Technologie bislang eher moderat verwendet. Ein Beispiel ist die Bandenwerbung bei Fußballübertragungen, die durch besser auf den Zuschauer abgestimmte Produkte ersetzt werden kann. Wenn etwa ein Spiel aus Spanien übertragen wird, kann die Werbung einer in Spanien bekannten Getränkemarke durch die eines deutschen Werbekunden ersetzt werden. Nach dem Rundfunkstaatsvertrag ist das Einfügen solch virtueller Werbung aber nur dann zulässig, wenn „am Anfang und am Ende der betreffenden Sendung darauf hingewiesen wird und durch sie eine am Ort der Übertragung ohnehin bestehende Werbung ersetzt wird" (§ 7 Ab. 6 Satz 2 RStV).

Ethische Probleme, die mit Bild- und Videomanipulation einhergehen, sind Schwerpunkt vieler akademischer Forschungsarbeiten und Studien, beispielsweise der von Larry Gross und seinen Kollegen.[1]

Gibt es eine digitale ethische Grenze?

Durch neue Technologien können auch zuvor unbekannte ethische Probleme aufgeworfen werden. So zum Beispiel durch die Technologie, die unter der Bezeichnung „intelligent agents" (intelligente Agenten) bekannt ist. Intelligente Agenten sind eine Form der künstlichen Intelligenz (KI), bei der Computerprogramme oder digitale Roboter autonom für eine andere Person handeln können, entweder auf einem Einzelrechner oder in einem Netzwerk, um eine bestimmte Aufgabe zu erledigen. Einige Agenten können von ihrer Umgebung lernen und sich ihr anpassen, indem sie sich durch neue Situationen oder Daten verändern, oder indem sie von den Handlungen oder Vorlieben ihres menschlichen „Meisters" lernen.

In einigen Nachrichtenredaktionen wird diese Agententechnologie bereits eingesetzt, um benutzerdefinierte journalistische Inhalte für Leser zu erstellen. Mehrere Nachrichtenorganisationen benutzen die Technologie, um Usenet-Nachrichtengruppen (Anm. d. Ü.: Usenet ist ein weltweites Netzwerk mit Newsgroups und Diskussionsforen, ähnlich einer Aneinanderreihung zahlreicher schwarzer Bretter) zu lesen und zu durchforsten (z. B. Agent und Free Agent News & Mail Reader, NewsFerret).[2] Andere digitale Medien setzen die Systeme ein, um effizient Benutzervorlieben

---

1 Gross, Larry (Hrsg.) (2003): Image Ethics in the Digital Age. Minneapolis: University of Minnesota Press.
2 Newsreader and Email unter: http://www.forteinc.com/agent/
WebFerret unter: www.ferretsoft.com/netferret/newsferret.htm

abzufragen, wie z. B. die Musikplattform *Last.fm*, die basierend auf dem Musikgeschmack des Nutzers neue Musikstücke findet. Intelligente Agenten können auch als Online-Assistent eines Reporters dienen. Ein Beispiel hierfür wäre ein Agent, dessen Aufgabe es ist, primäre und sekundäre Informationen, die beim Internetsurfen gesammelt wurden, auf Anomalien oder unübliche Muster der Daten zu durchsuchen. Solche Surfprogramme finden bereits weite Anwendung im Internet, um Informationen von Websites zu sammeln. Agenten können auch zum Überprüfen oder Ausfiltern von unerwünschten E-Mails (z. B. Spam-Mails) oder anderen Mitteilungen eingesetzt werden und somit von großem Nutzen sein, zumal sie auch als virtuelle Bibliothekare dienen.

Allerdings können sie auch ethische Schwierigkeiten verursachen, etwa wenn so ein anpassungsfähiger Agent auf einen für das Knacken von Sicherheitssystemen optimierten Agenten eines Computerhackers treffen würde. Der Agent des Reporters könnte also lernen, wie man unberechtigten Zugriff auf sichere Webseiten erhält und diese neu erworbenen Fähigkeiten wiederum dazu verwenden, um in die Online-Aufzeichnungen einer größeren Finanzinstitution einzubrechen. Einmal im System, bemerkt der Agent gewisse finanzielle Unregelmäßigkeiten und meldet diese dem Reporter, der wiederum diese Daten als Grundlage für einen sensationellen Artikel über betrügerische Machenschaften verwendet. Rechtfertigen hier die journalistischen Ziele die technologischen Mittel? Und wenn nicht, wer ist dann verantwortlich? Wurde ein ethischer Verstoß begangen? Sind Gesetze gebrochen worden?

Die acht Online-Gebote

In der Online-Arena werden Journalisten auch mit anderen finanziell motivierten ethischen Herausforderungen konfrontiert. Online-Journalismus und Online-Trading sind ein merkwürdiges Gespann. Online-Reporter und Online-Kolumnisten sind wie nie zuvor in der Lage, Börsenpreise mit „Day-Tradern" zu beeinflussen. Viele Online-Nachrichtenorganisationen haben deswegen Richtlinien hinsichtlich der Investitionen aufgestellt, die Reporter tätigen dürfen, und sie verbieten es ihren Journalisten, Investitionen in Unternehmen zu tätigen, über die sie berichten.

Andere auf Ermessensfehlern basierende ethische Problemfelder entstehen aufgrund der Überlagerung von Redaktionsarbeit und Werbung im Online-Bereich. Diese Probleme wurden im Kodex für ethisches Verhalten im Online-Journalismus behandelt, den die American Society of Magazine Editors (ASME) formuliert hat. Die ASME-Richtlinien für den Online-Journalismus geben vor, dass bei Online-Werbung folgende Punkte berücksichtigt werden sollten:

- redaktioneller Inhalt und Werbecontent muss deutlich voneinander abgesetzt sein;
- der Geldgeber muss deutlich ausgewiesen sein (z. B. Amazon, Intel Inside);
- der Name und das Logo der Organisation, die für den Site-Content verantwortlich ist, müssen deutlich sichtbar sein;
- alle speziellen Werbeabschnitte, „Advertorials", müssen als Werbung kenntlich gemacht sein;
- Redakteure dürfen keinen Content zu Werbezwecken erstellen (eine von *Editor & Publisher* durchgeführte Studie belegt, dass 84 Prozent dies trotzdem tun);
- Anzeigenkunden und eCommerce-Partner dürfen keine bevorzugte Behandlung in Suchmaschinen erhalten;
- die Privatsphäre von Benutzern muss respektiert werden und
- es dürfen keine Links zu Werbung ins Inhaltsverzeichnis gestellt werden.

Eine Frage der Ethik

Unterlassungsfehler treten unter Umständen genauso häufig auf wie Ermessensfehler, werden aber im Normalfall nicht so kritisch von der Öffentlichkeit beachtet. So sollten Journalisten beispielsweise ihre Quellen, wo immer möglich, von Angesicht zu Angesicht befragen. Tatsache ist, dass tagtäglich viele Reporter an ihrem Schreibtisch sitzen und ihre Interviews per Telefon oder E-Mail führen. Für viele Journalisten ist dies auch keine Frage der Ethik. Ihrer Ansicht nach ist es bestenfalls ein kostensparender Vorgang, eine Art von „faulem Journalismus". Meiner Meinung nach ist es allerdings durchaus eine Frage der Ethik, denn durch diese Vorgehensweise nimmt die Wahrscheinlichkeit ab, dass die Wahrheit ans Licht befördert werden kann. Außerdem wird die Glaubwürdigkeit des Journalismus in Frage gestellt. Auch glaube ich, dass ein ethisch verantwortlicher Journalismus nicht allein damit erreicht wird, das Falsche bzw. Schlechte zu vermeiden. Genauso wichtig ist es, das zu tun, was richtig ist. Reporter sollten sich mit Ehrgeiz und Professionalismus an eine wichtige Story hängen, auch wenn das mit hohen Kosten, einem gewissen Risiko oder sonstigen Ärgernissen verbunden ist. Sich einer wichtigen (oder auch nicht so wichtigen) Tatsache nochmals durch Hinzuziehung einer weiteren Quelle zu versichern, ist für einen ethisch versierten Journalismus eine Selbstverständlichkeit. Und wenn ein Interview nicht von Angesicht zu Angesicht geführt wurde, sollten Reporter stets angeben, wie das Interview gehalten wurde (z. B. per E-Mail oder Telefon).

Strategien für ein umfassendes Ethik-Management

Wenn diese ethischen Rahmenbedingungen beachtet werden, können Medienfachleute und ihre Organisationen auf dreierlei Art versuchen, in der Zukunft das Auftreten ethischer Verstöße zu minimieren:

- Zunächst sollten Nachrichten- und andere Medienorganisationen ihre Reporter, Redakteure und das übrige Medienpersonal, sowohl in der Produktion als auch im Management, regelmäßig auf Fortbildungsveranstaltungen zu korrekten ethischen Berufsverhalten schicken. In regelmäßigen Abständen an Ethik-Workshops teilzunehmen, sollte für jeden Journalisten und Medienexperten Pflicht werden.
- Zweitens sollten Strategien, Praktiken und Vorgehensweisen des Managements darauf abzielen, die Entstehung einer Kultur und einer Umgebung zu fördern, in der ein ethisch korrekter Journalismus gedeihen kann. Wenigstens drei wichtige Punkte müssten dazu erfüllt sein, und zumindest der erste wird es bereits zu großen Teilen:
  - Klare Richtlinien für einen ethischen Journalismus und ethisch ausgeübte Medienpraktiken müssen eingehalten werden. Dazu gehört auch ein ethischer Verhaltenskodex.

⊃ Offene Kommunikation zwischen Reportern und Redakteuren – gerade auch zu denjenigen, die auf der Hierarchieleiter der Redaktion weiter unten stehen – sowie anderen Medienfachleuten muss gewährleistet sein.

⊃ Mentorprogramme sollten eingerichtet werden, wobei erfahrene Mitarbeiter als Mentoren für weniger erfahrene auftreten sollten. Innerhalb dieser Programme sollte auch die Kontrolle des gesamten Mitarbeiterstabs eine Routinemaßnahme der Redaktions- und Medienkultur sein. Ein vollständiges Content-Archiv als Aufzeichnung ist für Medien unabdingbar und im digitalen Zeitalter relativ kosteneffizient und effektiv zu verwirklichen.

⊃ Drittens sollten Nachrichten- und andere Medienorganisationen neue Techniken und Technologien nutzen, mit denen die Berichterstattung und ganz allgemein der Medieninhalt überschaubar gestaltet werden kann. Im Speziellen sind zwei Tools für Nachrichtenorganisationen empfehlenswert: Zunächst einmal sollten alle Organisationen ihre Reporter mit Handykameras ausstatten. Wenn Reporter Interviews führen, sollten sie routinemäßig ihre Quelle oder ihren Standort fotografieren und das Bild archivieren. Diese Fotos könnten zum Bebildern eines Artikels dienen. Was aber noch wichtiger ist: Sie können die Authentizität der Quelle oder des geführten Interviews beweisen. Ähnlich könnten auch preisgünstige, aber dennoch hochleistungsfähige digitale Tonaufzeichnungsgeräte eingesetzt werden. Auch könnte die Verwendung von digitalen Wasserzeichen, eventuell sogar mit integrierten GPS-Stempeln in Betracht gezogen werden. Bekanntlich können viele digitale Basishandys problemlos mit verbesserten Smart-Phone-Elementen wie GPS-Daten aufgerüstet werden, indem kostengünstige oder kostenfreie Drittanbieter-Software oder -Geräte installiert werden.

Weiterhin sollten Nachrichten- und Medienorganisationen die Verwendung von computerbasierten Tools in Betracht ziehen, mit denen automatisch Plagiate aufgespürt werden können (siehe Kapitel 1).

Verantwortungsvolles Handeln von Journalisten im digitalen Zeitalter weicht nicht wesentlich von dem im analogen Zeitalter ab. Es obliegt der Verantwortung der Journalisten, eine wahrheitsgemäße Berichterstattung zu gewährleisten und dem öffentlichen Interesse zu dienen. Eine verantwortungsbewusste Berichterstattung im digitalen Zeitalter beinhaltet aber noch mehr. Die Reporter müssen ihre Integrität und Glaubwürdigkeit in einer Zeit bewahren, in der Schnelligkeit das wichtigste Gebot ist und in dem gründliches Recherchieren und der Kontext oft nicht mehr als nettes Beiwerk sind. Reporter und Redakteure müssen der Versuchung widerstehen, in der Eile, als erster einen Bericht online oder in anderen elektronischen Medien zu veröffentlichen, allzu kreativ mit den Fakten umzugehen. Das Überprüfen von Fakten ist nach wie vor ein zentraler Teil des Journalismus bzw. sollte es sein. Fakten anhand von mindestens zwei Quellen zu überprüfen, sollte in jeder Nachrichtenredaktion und für jeden freiberuflichen Reporter eine feste Gewohnheit sein. Es reicht nicht aus, etwas nur deswegen zu schreiben, weil es bereits irgendwo in einem Blog steht.

Die digitale Kluft

Ethische Herausforderungen an die Journalisten wachsen aber auch durch den steigenden Anteil des verfügbaren Einkommens, der für Medien ausgegeben wird. Auch das spiegelt die Medienrealität im digitalen Zeitalter wider: Medien kosten heutzutage mehr als im analogen Medienzeitalter. Für die Gesellschaft stellt das ein Problem dar. Die steigenden Kosten für Medien erzeugen eine digitale Trennlinie zwischen reich und arm bzw. nicht ganz so reich. Und diese Kluft zwischen den beiden Gruppierungen vertieft sich zusehends mit den steigenden Medienkosten.

Aus journalistischer und demokratischer Sicht ist dieses Problem besonders dringlich. Da eine demokratische Gesellschaft gut informierte Bürger braucht und traditionell diese gut informierten Bürger zwar nicht ausschließlich, doch weitgehend davon abhängig sind, preisgünstige oder kostenlose Medien zur Verfügung gestellt zu bekommen, um sich zu informieren, kann ein zunehmend teures Mediensystem dazu führen, dass finanziell benachteiligte Gruppen keinen Zugang mehr zum politischen System haben und sich diesem immer weiter entfremden. Zu den preisgünstigen oder kostenlosen Medien gehören aber keinesfalls profitable Qualitätsmedien, was die Journalisten und vor allem die Medienunternehmer vor die Entscheidung stellen könnte, ob sie lieber günstige und für alle Menschen finanzierbare Medien produzieren oder solche, die qualitativ hochwertiger und gewinnträchtiger sind. Untersuchungen lassen darauf schließen, dass diese digital herbeigeführte Teilung der Gesellschaft im schlimmsten Fall ein Auseinanderbrechen der Gesellschaft zur Folge haben kann. Gruppen, die zuvor wenigstens in den Medien einen gemeinsamen Nenner fanden, könnten diesen komplett verlieren. Wenn die gemeinsame Grundlage für die Kommunikation und das gegenseitige Verständnis nicht länger besteht, ist es gut möglich, dass die Gemeinschaft langsam auseinander bricht. Die Demokratie kann Schaden nehmen, weil ihre Grundlage der Journalismus ist, der ja nicht nur Fakten vermittelt, sondern auch als kontrollierende und erklärende Instanz fungiert.

An dieser Stelle seien die Studien der Soziologen Philip J. Tichenor, George Donohue und Clarice Olien erwähnt, deren Forschungsarbeiten zur Wissenskluft-Theorie und zur digitalen Spaltung (Digital Divide) sehr aufschlussreich sind. Über eine Reihe von Studien haben Tichenor, Donohue und Olien herausgearbeitet, dass eine Wissenskluft zwischen Gruppen eines höheren sozio-ökonomischen Status (Socio-Economic Status = SES) – also denjenigen, denen bessere Ressourcen einschließlich der Medien zur Verfügung stehen – und Gruppen eines niedrigeren sozio-ökonomischen Status besteht.[3] Obgleich die Studien von Tichenor et al. sich hauptsächlich auf den Bereich der Wissenschaften konzentrierten, haben spätere Forschungsarbeiten gezeigt, dass sich diese Wissenskluft auf ein breites Spektrum an Themengebieten und Wissensbereichen erstrecken kann, beispielsweise auch auf Gesundheit, Politik usw.[4]

Die Entstehung einer Wissenskluft lässt sich auf mehrere Ursachen zurückführen. Zu den wichtigsten zählt, dass die Medien und die in ihnen dargebotenen Informationen eher für höhere SES-Gruppen konzipiert

---

[3] Tichenor, Phillip. J./Donohue, George. A./Olien, Clarice. N. (1970): Mass Media Flow and Differential Growth in Knowledge. In: The Public Opinion Quarterly, 34. Jg., H. 2, S. 159-170.

[4] Salmon, Charles T./Wooten, Karen/Gentry, Eileen/Cole, Galen E./Kroger, Fred (1996): AIDS Knowledge Gaps: Results from the First Decade of the Epidemic and Implications for Future Public Information Efforts. Future Public Information Efforts. In: Journal of Health Communication 1. pp,141-156. H, 2, April 1st 1996, S. 141-156. Moore, David W. (1987): Political Campaigns and the Knowledge-Gap Hypothesis. In: The Public Opinion Quarterly. 51. Jg., H. 2, S. 186-200.

sind, und dass die höheren SES-Gruppen aufgrund ihres höheren Bildungsniveaus mehr Informationen aus diesen Medien aufnehmen können. Zu diesen Medien gehören u. a. Zeitungen, Bücher, Zeitschriften, Internet und andere elektronische Medien. Höhere SES-Gruppen konsumieren im Normalfall mehr Medien, besonders solche mit hohem Informationsgehalt wie Zeitungen oder textorientierte Medien. In vielen Fällen vergrößert sich die Wissenskluft zwischen höher und tiefer gestellten SES-Gruppen noch weiter, statt gleich zu bleiben oder abzunehmen, selbst wenn die Medien einen hohen Informationsanteil zu aktuellen Themen aufweisen, die im Interesse der Allgemeinheit liegen. Dies läuft der Annahme zuwider – besonders im Bereich öffentlicher Aufklärungskampagnen (z. B. Kampagnen zur öffentlichen Gesundheit, politische Kampagnen u. ä.) – die lautet, dass man das Wissen der Allgemeinheit steigern bzw. die zwischen den Gruppen bestehende Wissenskluft verringern kann, indem man die Öffentlichkeit besser und umfangreicher informiert.

Auch in Deutschland ist die digitale Spaltung tief. Nach einer Studie der europäischen Initiative D21[5] sind im Jahr 2008 zwar erstmals weniger als 30 Prozent der deutschen Bevölkerung nicht im Internet unterwegs, dafür geht die Schere aber immer weiter auseinander – und zwar sowohl zwischen den Geschlechtern, den Haushaltseinkommen, der Bildung und den Altersgruppen. So zählen zwar 72,4 Prozent aller deutschen Männer zu den so genannten Onlinern, aber nur 58,3 Prozent der Frauen. Während bei Teenagern noch häufiger Mädchen online sind als Jungen, ändert sich dieses Verhältnis mit zunehmendem Alter: Bei den 60- bis 69-Jährigen sind zwar 51,7 Prozent der Männer Onliner, aber nur 32 Prozent der Frauen. Diese Zahlen belegen ebenfalls, dass die Online-Nutzung mit zunehmendem Alter sinkt, obwohl es gerade in diesem Bereich deutliche Zuwachsraten gibt.[6]

Ein weiterer Graben existiert zwischen den unterschiedlichen Bildungsniveaus. Während Befragte mit einem Volksschulabschluss ohne Lehre nur zu etwa 33 Prozent angeben, online zu sein, liegt der Anteil bei den Befragten mit Abitur oder einem vergleichbaren Abschluss bei mehr

---

5 Die Initiative D21 unter: http://www.initiatived21.de/ [08.07.08]
6 Van Eimeren Birgit/Frees, Beate (2008): Internetverbreitung: Größter Zuwachs bei Silver-Surfern. In: Media Perspektiven, H. 7, S. 330-344.

als 86 Prozent. Ähnlich tief ist der Graben zwischen Haushalten mit hohem und geringem Einkommen, was mit den relativ hohen Anschaffungskosten (Computer, Modem, etc.) zusammenhängen könnte. In der Gruppe mit einem Haushaltsnettoeinkommen von unter 1000 Euro sind nur etwa 41 Prozent online, während bei einem Einkommen über 3000 Euro im Monat der Anteil bei 87 Prozent liegt. Besonders die Faktoren Bildung und Einkommen sorgen dafür, dass im Jahr 2008 eine digitale Grenze zwischen den alten und den neuen Bundesländern existiert. Während in Schleswig-Holstein 68,6 Prozent der Befragten im Internet unterwegs sind, nutzen in Mecklenburg-Vorpommern nur 58,2 Prozent die neue Technologie.[7]

Die große Herausforderung für den Journalismus speziell im digitalen Zeitalter liegt darin, auch niedriger gestellte SES-Gruppen effektiv zu erreichen.[8] Forschungsarbeiten haben gezeigt, dass es eine Voraussetzung gibt, unter der sich die Wissenskluft nicht weiter vergrößert, sondern im Gegenteil eher schließt. Diese Voraussetzung lautet, dass eine Krise vorhanden sein muss. In Zeiten von Konflikten erkennen generell sowohl die höher als auch die niedriger gestellten SES-Gruppen, welch wichtige Rolle Nachrichten spielen. Außerdem besteht dann die Tendenz in allen Gruppen, aktiv nach mehr Informationen zu suchen. Diese und weitere Faktoren erleichtern während Konfliktzeiten den Lernprozess. Außerdem räumen die Medien Nachrichtenthemen zu brisanten Situationen im Normalfall mehr Raum ein, was ebenfalls dazu führen kann, die Wissenskluft zwischen den SES-Gruppen zu überbrücken.

Zusammenfassung

Vereinfachter Zugang zu ehemals geheimen Datenbanken, Effekt heischende Fernsehbilder aus Krisengebieten und lukrative Börsengeschäfte sind nur einige der Herausforderungen an die journalistische Ethik im

---

7   Die Initaitve D21 unter: http://www.initiatived21.de/ [08.07.08]
8   Rogers, Everett M. (2001): "The Digital Divide." Convergence: The International Journal of Research into New Media Technologies. 7. Jg., H. 4, S. 96-111.

21. Jahrhundert. Und die Versuchung, nicht-ethisch zu handeln, wächst, je weiter die Gefahr, entdeckt zu werden, sinkt. Medienethik muss gerade im digitalen Zeitalter ein fester Bestandteil der journalistischen Ausbildung an Universitäten, Fachhochschulen und Journalistenschulen bleiben. Auch in Nachrichtenredaktionen ist es nötig, einen Ethik-Kodex durchzusetzen. Die Bereitstellung von Ressourcen zur Einhaltung des Ethik-Kodex ist dabei als Teil des Qualitätsmanagements der Redaktionen zu verstehen. Eine weitere Herausforderung, dem die Journalisten im 21. Jahrhundert begegnen, ist die Aufspaltung der Mediennutzer nach soziodemografischen und ökonomischen Gesichtspunkten. Hier sind innovative journalistische Konzepte zur Produktion und Verbreitung journalistischer Inhalte gefragt, um die Aufgabe von Journalismus zu gewährleisten, alle Bevölkerungsschichten einer Gesellschaft zu erreichen und eine demokratische Meinungs- und Willensbildung zu ermöglichen.

Weiterführende Literatur

Beck, Klaus (2008): Neue Medien – alte Probleme? Blogs aus medien- und kommunikationsethischer Sicht. In: Zerfaß, Ansgar/Welker, Martin/Schmidt, Jan (Hrsg.): Kommunikation, Partizipation und Wirkungen im Social Web. Band 1: Grundlagen und Methoden: Von der Gesellschaft zum Individuum. Köln: von Halem Verlag, S. 62-77.
Funiok, Rüdiger (2007): Medienethik. Verantwortung in der Mediengesellschaft. Stuttgart: Kohlhammer.
Herbert, Eva (2008): Zwischen Macht, Freiheit und Moral: Massenmedien im Zeitalter der Globalisierung. Marburg: Tectum.
Institut zur Förderung publizistischen Nachwuchses/Deutscher Presserat (Hrsg.) (2005): Ethik im Redaktionsalltag. Konstanz: UVK.
Heesen, Jessica (2008): Medienethik und Netzkommunikation. Öffentlichkeit in der individualisierten Mediengesellschaft. Frankfurt/Main: Humanities Online.
Patra, Philippe (2001): Ethik und Internet: Medienethische Aspekte multimedialer Teilhabe. Münster: Lit Verlag.

Autorenverzeichnis

Dastyari, Soheil, geboren 1972, studierte angewandte Kulturwissenschaften mit Schwerpunkt Sprach-/Kommunikationswissenschaften und Betriebswirtschaftslehre an der Universität Lüneburg. Nach seinem Studium arbeitete er als freier Journalist, um sich darauf mit Stationen bei Ammirati Puris Lintas und Foote Cone Belding in Hamburg, Berlin und New York als Markenstratege zu etablieren. Seit 2005 arbeitet Soheil Dastyari bei Gruner+ Jahr AG & Co KG in Hamburg. Zunächst in der Unternehmensentwicklung/Strategie, ist er derzeit Leiter Marken- und Innovationsentwicklung.

Fischer, Gabriele, geboren 1953, ist Gründerin und Chefredakteurin des Wirtschaftsmagazins *brand eins*. Sie hat Politik und Soziologie studiert und landete nach diversen Umwegen im Wirtschaftsjournalismus. Zehn Jahre arbeitete sie für das *Manager Magazin*, zuletzt als stellvertretende Chefredakteurin. 1998 entwickelte sie das Tochtermagazin *Econy*. Im September 1999 gründete sie zusammen mit privaten Investoren und dem ehemaligen *Econy*-Team das Wirtschaftsmagazin *brand eins*, das heute in der unabhängigen brand eins Medien AG monatlich in einer Auflage von 95 000 erscheint.

Gniffke, Kai, Dr., geboren 1960 in Frankfurt am Main, studierte Politikwissenschaft, Rechtswissenschaft und Soziologie in Mainz und Frankfurt am Main. Nach seiner Promotion arbeitete er seit 1993 als Reporter und Schlussredakteur in den Abteilungen Fernsehnachrichten und Landespolitik des SWF. Von 1998 bis 2003 war er als Redaktionsleiter *ARD-aktuell* verantwortlich für die Zulieferungen des SWR Mainz zu *Tagesschau* und Tagesthemen. Autor von Features und Reportagen für Das Erste und SWR. Nebenberufliche Tätigkeit als Trainer bei der ARD/ZDF-Medienakademie, einer gemeinsamen Fortbildungseinrichtung von ARD und ZDF. Von 2003 bis 2005 Zweiter Chefredakteur *ARD-aktuell* und Chef des Teams *Tagesthemen*. Seit 2006 Erster Chefredakteur von *ARD-aktuell*. Verleihung des „Grimme Online Award 2007" für Autorenschaft im „Tagesschau-Blog".

Lindemann, Marcus, geboren 1969, ist politischer Ökonom (M.A.) und geschäftsführender Autor der Fernsehproduktionsfirma autoren(werk). Er unterrichtet journalistische Recherche und Fernsehjournalismus an Universitäten, Journalistenschulen und anderen Fortbildungseinrichtungen. Vor der Gründung seiner Firma war Lindemann Redakteur und Reporter beim ZDF sowie redaktioneller Mitarbeiter in der Themenabendredaktion des SWF. In Publikationen und unter www.recherche-info.de beschäftigt er sich insbesondere mit der Internetrecherche und anderen computergestützten Methoden.

Moss, Christoph, Prof. Dr., geboren 1967, ist Professor für Unternehmenskommunikation an der „International School of Management" in Dortmund und Frankfurt. Seit 2007 leitet er dort den Studiengang „Communications & Marketing". Zuvor arbeitete er zwölf Jahre lang als Wirtschaftsredakteur, unter anderem beim *Handelsblatt*. Zuletzt war er Direktor der Georg-von-Holtzbrinck-Schule für Wirtschaftsjournalisten. Der gelernte Bankkaufmann hat an der Universität Passau Betriebswirtschaftslehre studiert. Seine Doktorarbeit am Institut für Journalistik der Universität Dortmund trägt den Titel „Die Organisation der Zeitungsredaktion".

Pavlik, John V., Prof. Dr., geboren 1956, ist Leiter des „Department of Journalism and Media Studies" und Direktor des „Journalism Resources Institute" an der „School of Communication, Information and Library Studies", an der Rutgers University, New Jersey. Vorher Mit-Herausgeber der „Online Journalism Review" und Kolumnist für CNN.com, sowie Direktor des „Center for New Media" an der Columbia University Graduate School of Journalism, New York. Sein Forschungsschwerpunkt liegt im Bereich der neuen Medientechnologie, Publikationen u.a.: „Media in the Digital Age" (2008), „Converging Media" (2004), (gemeinsam mit Shawn McIntosh) und „Journalism and New Media" (2001).

Radü, Jens, geboren 1979. Seit Februar 2006 Redakteur bei *SPIEGEL ONLINE* im Ressort Multimedia. Zuvor Redakteur und Volontariat beim Westdeutschen Rundfunk sowie Studium der Journalistik und Politikwissenschaft an der Universität Dortmund und der Vytautas Magnus University in Kaunas/Litauen (Abschluss: Diplom). Schwerpunkte: Wissenschaftsjournalismus und Multimedia.

Journalismus

Udo Branahl
Medienrecht
Eine Einführung
6., akt. Aufl. 2009. ca. 320 S. Br.
ca. EUR 29,90
ISBN 978-3-531-16558-5

Beatrice Dernbach
**Die Vielfalt
des Fachjournalismus**
Ein wissenschaftlich-praktisches
Handbuch
2008. ca. 280 S. Br. ca. EUR 22,90
ISBN 978-3-531-15158-8

Beatrice Dernbach /
Thorsten Quandt (Hrsg.)
Spezialisierung im Journalismus
2009. ca. 280 S. Br. ca. EUR 29,90
ISBN 978-3-531-16255-3

Susanne Fengler /
Sonja Kretzschmar (Hrsg.)
Innovationen im Journalismus
2009. ca. 180 S. (Kompaktwissen
Journalismus) Br. ca. EUR 19,90
ISBN 978-3-531-15450-3

Jürgen Friedrichs / Ulrich Schwinges
Das journalistische Interview
3. Aufl. 2009. ca. 330 S. Geb. ca. EUR 29,90
ISBN 978-3-531-16701-5

Hans J. Kleinsteuber
Radio
Eine Einführung
2009. ca. 280 S. Br. ca. EUR 22,90
ISBN 978-3-531-15326-1

Josef Kurz / Daniel Müller / Joachim
Pötschke / Horst Pöttker / Martin Gehr
Stilistik für Journalisten
2., überarb. Aufl. 2009. ca. 480 S.
Br. ca. EUR 34,90
ISBN 978-3-531-33434-9

Christoph Moss (Hrsg.)
Die Sprache der Wirtschaft
2009. ca. 220 S. Br. ca. EUR 24,90
ISBN 978-3-531-16004-7

Christoph Neuberger / Christian
Nuernbergk / Melanie Rischke (Hrsg.)
Journalismus im Internet
Profession – Partizipation – Technisierung
2009. ca. 250 S. Br. ca. EUR 29,90
ISBN 978-3-531-15767-2

Erhältlich im Buchhandel oder beim Verlag.
Änderungen vorbehalten. Stand: Januar 2009.
www.vs-verlag.de

VS VERLAG FÜR SOZIALWISSENSCHAFTEN

Abraham-Lincoln-Straße 46
65189 Wiesbaden
Tel. 0611.7878 - 722
Fax 0611.7878 - 400

Kommunikationswissenschaft

Dagmar Hoffmann / Lothar Mikos (Hrsg.)
Mediensozialisationstheorien
Neue Modelle und Ansätze in der
Diskussion
2., überarb. Aufl. 2009. ca. 230 S.
Br. ca. EUR 29,90
ISBN 978-3-531-16585-1

Katja Lantzsch / Andreas Will /
Klaus-Dieter Altmeppen (Hrsg.)
Handbuch Unterhaltungsproduktion
Beschaffung und Produktion von
Fernsehunterhaltung
2009. ca. 400 S. (The Business of Entertainment. Medien, Märkte, Management)
Br. ca. EUR 39,90
ISBN 978-3-531-16001-6

Thorsten Quandt / Jeffrey Wimmer /
Jens Wolling (Hrsg.)
Die Computerspieler
Studien zur Nutzung von
Computergames
2. Aufl. 2009. 339 S. Br. ca. EUR 39,90
ISBN 978-3-531-16703-9

Gebhard Rusch
Mediendynamik
Band 1: Modelle des Medienwandels
2009. ca. 250 S. Br. ca. EUR 24,90
ISBN 978-3-531-16556-1

Christian Schicha / Carsten Brosda (Hrsg.)
Handbuch Medienethik
2009. ca. 500 S. Br. ca. EUR 34,90
ISBN 978-3-531-15822-8

Bernd Schorb / Anja Hartung /
Wolfgang Reißmann (Hrsg.)
Medien im höheren Lebensalter
2009. ca. 500 S. Br. ca. EUR 39,90
ISBN 978-3-531-16218-8

Caja Thimm (Hrsg.)
Das Spiel – Medium und Metapher der Mediengesellschaft?
2009. ca. 250 S. Br. ca. EUR 24,90
ISBN 978-3-531-16459-5

Ralf Vollbrecht / Claudia Wegener (Hrsg.)
Handbuch Mediensozialisation
2009. ca. 400 S. mit 10 Abb. u. 10 Tab.
Geb. ca. EUR 34,90
ISBN 978-3-531-15912-6

Erhältlich im Buchhandel oder beim Verlag.
Änderungen vorbehalten. Stand: Januar 2009.

www.vs-verlag.de

VS VERLAG FÜR SOZIALWISSENSCHAFTEN

Abraham-Lincoln-Straße 46
65189 Wiesbaden
Tel. 0611.7878-722
Fax 0611.7878-400

MIX
Papier aus verantwortungsvollen Quellen
Paper from responsible sources
FSC® C105338

If you have any concerns about our products,
you can contact us on
ProductSafety@springernature.com

In case Publisher is established outside the EU,
the EU authorized representative is:
**Springer Nature Customer Service Center GmbH
Europaplatz 3, 69115 Heidelberg, Germany**

Printed by Libri Plureos GmbH
in Hamburg, Germany